Braten, Rouladen, Gulasch & Co.

Fleischgerichte und köstliche Saucen

Bassermann

Inhalt

Gerichte mit Kalbfleisch — 5

Wiener Schnitzel — 7
Cordon bleu — 7
Kalbsmedaillons mit Nußpanade — 8
Saltimbocca alla Romana — 9
Kalbskotelett nach Fürstenart — 10
Kalbskotelett mit Zitronensauce — 11
Kalbshaxe mit Tomaten-Zitronen-Sauce — 12
Kalbsbrust mit Pfifferlingen — 12
Zürcher Geschnetzeltes — 14
Kalbsragout — 15
Kalbsroulade nach Hausfrauenart — 16
Schwalbennest — 17
Kalbsbraten mit Rahmsauce — 18
Kalbsbraten mit Orangen — 18
Kalbsrollbraten — 20
Gefüllte Kalbsbrust — 21
Kalbshaxe mit Waldpilzen — 23
Kalbszungenragout — 24
Kalbsleber mit Apfelsauce — 25

Gerichte mit Rindfleisch — 26

Rumpsteak nach Art des Hauses — 29
Rinderfiletsteak mit Pfeffersauce — 29
Mariniertes T-Bone-Steak mit Kräuterbutter — 30
Chateaubriand mit Fruchtsauce — 31
Sahnegeschnetzeltes — 32
Rindfleisch in Weißwein — 33
Pfefferpotthast — 34
Rindfleisch-Bohnen-Ragout — 35
Süß-saures Beinfleisch — 36
Rinderroulade — 37
Rinderroulade mit Kräuterfüllung — 38
Rinderroulade auf spanische Art — 38
Rinderfilet Esterhazy — 40
Wiener Tafelspitz — 41
Sauerbraten — 43
Roastbeef auf englische Art — 43
Roastbeef mit Pfefferkruste — 44
Rinderfilet mit Cognacsauce und Rosenkohl — 44

Gerichte mit Schweinefleisch — 46

Zitronensteak — 48
Rosmarinkotelett auf Gemüse — 49
Schweinekotelett in würziger Rotweinsauce — 50

Knuspriger Schweinebauch — 50
Berliner Buletten — 52
Walnußfrikadellen — 52
Überbackenes Schweinefilet auf Tomaten — 53
Biergulasch — 55
Szegediner Gulasch — 55
Balkantopf — 57
Griechisches Zitronenfleisch — 58
Honigfleischtopf — 58
Gefüllter Schweinebauch — 61
Schweineschmorbraten in Sahnesauce — 61
Schweinefleisch mit Meerrettich — 62
Schweineschulter in Biersauce — 63
Marinierter Keulenbraten — 64
Gekräuterte Schweinekeule — 64
Schweinerollbraten mit Hackfleisch — 66
Würzige Schweinshaxe — 67
Schweinebraten mit Rotweinsauce — 68
Schweinenacken mit Maronen — 68
Schweinenacken mit Birnen und Kartoffeln — 70
Glasiertes Karree — 71
Gefüllter Schweinebraten — 72
Gefüllte Schweinerippe — 74
Kasseler Rippenspeer — 75

Gerichte mit Lammfleisch — 76

Würzige Lammkoteletts — 78
Lammkotelett nach Grinziger Art — 79
Lammkoteletts auf Gemüsebett — 81
Lammspieße mit Pflaumensauce — 82
Lammfilet mit Fenchel — 82
Lammcurry — 84
Lammpilaw — 85
Zwiebelfleisch — 87
Lammragout mit Zitrone — 87
Lammkeule auf klassische Art — 88
Irish Stew — 89
Gebratene Lammkeule — 90
Lammbraten — 91
Lammrücken — 93
Gefüllte Lammschulter — 93

Hinweise zu den Rezepten — 94
Rezeptverzeichnis — 95

Gerichte mit Kalbfleisch

Das feine, leichtverdauliche Kalbfleisch läßt sich äußerst vielseitig zubereiten. Neben Klassikern, wie Saltimbocca, Wiener Schnitzel und Zürcher Geschnetzeltem, finden Sie in diesem Kapitel auch neue Rezeptideen – nicht nur für die Festtagsküche.

Wiener Schnitzel

Zubereitungszeit: ca. 20 Minuten

Sie benötigen für 4 Portionen:
4 Kalbsschnitzel à ca. 150 g
1 Ei
Salz
weißen Pfeffer aus der Mühle
2 EL Mehl
80 g Semmelbrösel
3 EL Butterschmalz
Zitronenscheiben zum Garnieren

So wird's gemacht:
1. Die Schnitzel waschen, trockentupfen und eventuell am Rand mehrfach einschneiden, damit sie sich beim Braten nicht wellen.
2. Das Ei verquirlen. Die Schnitzel mit Salz sowie Pfeffer einreiben und zuerst in dem Mehl, dann in dem Ei und zuletzt in den Semmelbröseln wenden. Die Panade fest andrücken.
3. Das Butterschmalz in einer Pfanne erhitzen. Die Schnitzel darin bei geringer bis mittlerer Hitze von beiden Seiten in insgesamt 5 bis 6 Minuten goldgelb braten.
4. Die Schnitzel auf eine vorgewärmte Platte legen und mit den Zitronenscheiben garnieren.
Beilage:
Pommes frites oder Bratkartoffeln
(auf dem Foto: links)

Cordon bleu

Zubereitungszeit: ca. 35 Minuten

Sie benötigen für 4 Portionen:
4 dicke Kalbsschnitzel à ca. 180 g
weißen Pfeffer aus der Mühle
1 TL mittelscharfen Senf
4 Scheiben Emmentaler
4 Scheiben gekochten Schinken
2 Eier
Salz
2 EL Mehl
100 g Semmelbrösel
3 EL Butter
4 Zitronenscheiben

So wird's gemacht:
1. In jedes gewaschene und trockengetupfte Schnitzel seitlich eine tiefe Tasche einschneiden (siehe unten) und diese mit Pfeffer und Senf ausstreichen.
2. Den Käse und den Schinken auf die Größe der Schnitzeltaschen zuschneiden. Je eine Käse- und eine Schinkenscheibe in eine Tasche schieben und die Öffnung mit einem Holzstäbchen gut zustecken.
3. Die Eier verquirlen und leicht salzen. Die Schnitzel zuerst in dem Mehl, dann in den Eiern und zuletzt in den Semmelbröseln wenden. Die Panade mit den Fingern fest andrücken.
4. Die Butter in einer Pfanne erhitzen und die Schnitzel darin bei geringer bis mittlerer Hitze von jeder Seite in 3 bis 5 Minuten goldbraun braten.
5. Die Schnitzel mit den Zitronenscheiben garniert auf Tellern anrichten.
Beilage:
Feldsalat
(auf dem Foto: rechts)

Tip
Lassen Sie sich die Taschen am besten gleich beim Metzger in die Schnitzel schneiden. So sparen Sie Zeit und Arbeit.

Kalbsmedaillons mit Nußpanade

Zubereitungszeit: ca. 20 Minuten

Sie benötigen für 4 Portionen:

1 Kalbsfilet à ca. 600 g	
Salz	
weißen Pfeffer aus der Mühle	
1 Msp. geriebene Muskatnuß	
1 Ei	
60 g gehackte Haselnüsse	
2 EL Butterschmalz	

So wird's gemacht:
1. Vom Filet die Häute entfernen. Das Fleisch waschen, trockentupfen und schräg in fingerdicke Scheiben schneiden. Diese mit Salz, Pfeffer und wenig Muskat einreiben.
2. Das Ei verquirlen. Die Fleischscheiben zuerst in dem Ei, dann in den gehackten Nüssen wenden. Die Panade fest andrücken.
3. Das Butterschmalz in einer Pfanne erhitzen und die Fleischscheiben darin bei milder bis mittlerer Hitze von jeder Seite etwa 2 Minuten braten. Die Nußpanade darf dabei nicht anbrennen.
Beilagen:
Kartoffelgratin und Leipziger Allerlei

Saltimbocca alla Romana

Zubereitungszeit: ca. 20 Minuten

Sie benötigen für 4 Portionen:

16 Salbeiblätter
8 kleine, dünne Kalbsschnitzel à ca. 80 g
8 dünne Scheiben Parmaschinken (100 g)
3 EL Butterschmalz
50 ml trockenen Weißwein
Salz
weißen Pfeffer aus der Mühle

So wird's gemacht:
1. Die Salbeiblätter und die Schnitzel waschen und trockentupfen.
2. Jeweils 2 Salbeiblätter auf 1 Schnitzel legen, jeweils 1 Schinkenscheibe darauf legen und diese dann mit einem Holzspießchen feststecken.
3. Das Butterschmalz in einer Pfanne erhitzen und die Schnitzel darin von beiden Seiten insgesamt 2 Minuten braten. Sie dann herausnehmen und mit Alufolie bedeckt warm stellen.
4. Den Bratenfond mit dem Weißwein ablöschen und die Sauce mit Salz und Pfeffer abschmecken. Die Schnitzel zusammen mit der Sauce auf Tellern anrichten.

Beilagen:
grüne Bandnudeln und Tomatensalat

Kalbskotelett nach Fürstenart

Zubereitungszeit: ca. ¾ Stunden

Sie benötigen für 4 Portionen:
1 Brötchen vom Vortag
1 Zwiebel
1 Bund Petersilie
200 g Schweinehackfleisch
1 Ei
Salz
weißen Pfeffer aus der Mühle
1 Msp. geriebene Muskatnuß
4 Kalbskoteletts à ca. 200 g
4 EL geriebenen Emmentaler
2 EL Öl
125 g Sahne
2 EL Weißwein
⅛ l Kalbsfond oder Fleischbrühe

So wird's gemacht:
1. Das Brötchen kurz in etwas Wasser quellen lassen. Die Zwiebel schälen und fein würfeln. Die Petersilie waschen, trockentupfen und fein hacken. Den Backofen auf 200 °C vorheizen.

2. Das Brötchen fest ausdrücken und zusammen mit dem Hackfleisch, dem Ei, der Zwiebel und der Petersilie zu einem Hackteig verkneten. Diesen mit Salz, Pfeffer und etwas Muskat abschmecken.

3. Die gewaschenen und trockengetupften Koteletts mit Salz und Pfeffer einreiben, jeweils auf einer Seite mit der Fleischfarce bestreichen und mit dem Käse bestreuen.

4. Das Öl in einem großen, backofenfesten Topf erhitzen. Die Koteletts mit der bestrichenen Seite nach oben hineinlegen und im Ofen auf der zweiten Schiene von unten 25 bis 30 Minuten offen braten. Sobald der Käse gebräunt ist, Sahne, Wein und Fond oder Brühe angießen und die Koteletts weitergaren.

5. Die Koteletts aus der Sauce nehmen und diese nochmals mit Salz und Pfeffer abschmecken. Koteletts und Sauce zusammen servieren.

Beilage:
gedünstete Champignons
(auf dem Foto: links)

Kalbskotelett mit Zitronensauce

Zubereitungszeit: ca. 40 Minuten

Sie benötigen für 4 Portionen:
300 g Blattspinat
4 Schalotten
4 Kalbskoteletts à ca. 200 g
Salz
weißen Pfeffer aus der Mühle
2 EL Mehl
3 EL Butterschmalz
1 Msp. geriebene Muskatnuß
¼ l Kalbsfond
2 EL Zitronensaft
1 Msp. Zucker
1 EL kalte Butter

So wird's gemacht:

1. Den Spinat waschen und putzen. Die Schalotten schälen und in dünne Scheiben schneiden.

2. Die gewaschenen und trockengetupften Koteletts mit Salz und Pfeffer einreiben und in dem Mehl wenden. 2 Eßlöffel Butterschmalz in einer Pfanne erhitzen und die Koteletts darin von jeder Seite in 4 bis 5 Minuten goldbraun braten.

3. Inzwischen 1 Eßlöffel Butterschmalz in einem Topf erhitzen und die Schalotten darin glasig dünsten. Den Spinat dazugeben und zusammenfallen lassen. Das Gemüse mit Salz, Pfeffer und etwas Muskat abschmecken.

4. Die Koteletts zugedeckt warm stellen. Den Bratensatz in der Pfanne mit dem Kalbsfond ablöschen und diesen etwas einkochen lassen. Die Sauce mit Zitronensaft, Zucker, Salz und Pfeffer abschmecken. Die Butter in Flöckchen in die nicht mehr kochende Sauce einrühren, damit sie bindet.

5. Koteletts und Spinat auf Tellern anrichten. Die Sauce dazu reichen.

Beilage:
gebratene ganze Kartöffelchen
(auf dem Foto: rechts)

Kalbshaxe mit Tomaten-Zitronen-Sauce

Zubereitungszeit: ca. 2 Stunden

Sie benötigen für 4 Portionen:

4 Scheiben von der Kalbshaxe à ca. 300 g
Salz
weißen Pfeffer aus der Mühle
Saft von ½ Zitrone
3 EL Mehl
5 EL Butterschmalz
2 Zwiebeln
1 Knoblauchzehe
2 kleine Möhren
500 g Fleischtomaten
½ l Kalbsfond oder Fleischbrühe
⅛ l trockenen Weißwein
1 EL gehackte Zitronenmelisse
½ TL getrockneten Thymian
1 unbehandelte Zitrone
1 Msp. Zucker
5 EL Sahne
einige Petersilienzweige

So wird's gemacht:
1. Die gewaschenen und trockengetupften Fleischscheiben mit Salz, Pfeffer und Zitronensaft einreiben. Die Scheiben in dem Mehl wenden und in 2½ Eßlöffeln Butterschmalz in einem großen Bratentopf von jeder Seite etwa 5 Minuten scharf braten, dann herausnehmen.
2. Die Zwiebeln schälen und in Scheiben schneiden. Die Knoblauchzehe schälen und zerdrücken. Die Möhren putzen, schälen und in Scheiben schneiden. Die Tomaten waschen, putzen und vierteln.
3. Die restlichen 2½ Eßlöffel Butterschmalz in dem Bratentopf erhitzen und Zwiebeln, Knoblauch, Möhren sowie Tomaten darin etwa 5 Minuten bei mittlerer Hitze schmoren. Den Fond oder die Brühe und den Wein dazugießen und das Gemüse mit Salz, Pfeffer, Zitronenmelisse und Thymian abschmecken.
4. Die Fleischscheiben auf das Gemüse legen und alles zugedeckt bei geringer Hitze etwa 1 Stunde schmoren lassen.
5. Inzwischen die Schale der unbehandelten Zitrone dünn abschälen (die weiße Haut nicht mit abschneiden), sie dann in feine Streifen schneiden. Danach die Zitrone auspressen.
6. Das Fleisch nach Ende der Garzeit aus der Sauce nehmen und zugedeckt warm stellen. Die Sauce durch ein Sieb in einen Topf streichen. Den Zitronensaft sowie die -schale und etwas Zucker in die Sauce geben und diese etwa 10 Minuten köcheln lassen.
7. Die Sahne in die Sauce einrühren und diese mit Salz und Pfeffer abschmecken. Das Fleisch kurz in der Sauce erhitzen. Zuletzt das Gericht mit den Petersilienzweigen garnieren.
Beilage:
Salzkartoffeln
(auf dem Foto: oben)

Kalbsbrust mit Pifferlingen

Zubereitungszeit: ca. 1½ Stunden

Sie benötigen für 4 Portionen:

1 kg Kalbsbrust
2 EL Butterschmalz
60 g weiche Butter
Salz, weißen Pfeffer
250 g Pfifferlinge
1 große Zwiebel, 2 Bund Petersilie
2 EL saure Sahne

So wird's gemacht:
1. Den Backofen auf 100 °C vorheizen. Das gewaschene und trockengetupfte Fleisch in etwa 2 cm dicke Scheiben schneiden. Das Butterschmalz in einer Pfanne auf dem Herd erhitzen und die Fleischscheiben darin kräftig anbraten.
2. Die Scheiben danach in einen Bräter legen und 3 Eßlöffel der Butter in Flöckchen dazugeben.
3. Den Bratensatz in der Pfanne mit ¼ l heißem Wasser loskochen und über das Fleisch gießen. Dieses mit Salz und Pfeffer bestreuen und auf der zweiten Schiene von unten im Ofen zugedeckt etwa 1 Stunde garen.
4. Inzwischen die Pfifferlinge kurz waschen, putzen und größere Pilze halbieren. Die Zwiebel schälen und kleinwürfeln. Die Petersilie waschen und fein hacken.
5. Die restlichen 3 Eßlöffel der Butter in einer Pfanne erhitzen und die Pilze darin etwa 2 Minuten braten. Die Zwiebel dazugeben und kurz mitbraten. Die Petersilie darüberstreuen.
6. Kurz vor Ende der Garzeit des Fleisches das Pilzgemüse dazugeben und kurz mitköcheln lassen.
7. Wenn das Fleisch gar ist, die saure Sahne in das nicht mehr kochende Gericht einrühren. Es mit Salz und Pfeffer abschmecken.
Beilage:
Salzkartoffeln
(auf dem Foto: unten)

Zürcher Geschnetzeltes

Zubereitungszeit: ca. ½ Stunde

Sie benötigen für 4 Portionen:

400 g Kalbfleisch aus der Schulter
200 g Champignons
1 Zwiebel
2 EL Butter
1 EL Mehl
150 ml trockenen Weißwein
3 EL Kalbsfond
125 g Sahne
Salz
weißen Pfeffer aus der Mühle

So wird's gemacht:
1. Das gewaschene und trockengetupfte Kalbfleisch in 1 cm breite und 4 cm lange Streifen schneiden. Die Champignons kurz waschen, putzen und in dünne Scheiben schneiden. Die Zwiebel schälen und kleinwürfeln.
2. Die Butter in einem Bratentopf erhitzen und das Fleisch darin anbraten. Es dann herausnehmen und beiseite stellen.
3. Die Zwiebel und die Pilze in dem Fett einige Minuten andünsten. Dann das Mehl darüberstäuben, den Wein und den Kalbsfond angießen und alles unter Rühren etwa 5 Minuten köcheln lassen.
4. Die Sahne in die Sauce einrühren und das Fleisch darin erwärmen. Das Geschnetzelte zuletzt mit Salz und Pfeffer abschmecken.

Beilagen:
Rösti und grüner Salat

Kalbsragout

Zubereitungszeit: ca. 1½ Stunden

Sie benötigen für 4 Portionen:
700 g Kalbsbrust
2 Zwiebeln
1 Knoblauchzehe
3 EL Butterschmalz
2 EL Mehl
¼ l trockenen Weißwein
2 EL Tomatenmark
3 EL gehackte Petersilie
1 Msp. getrockneten Rosmarin
1 Msp. getrocknetes Basilikum
1 Msp. getrockneten Thymian
Salz
weißen Pfeffer aus der Mühle
125 g Champignons

So wird's gemacht:
1. Das gewaschene und trockengetupfte Fleisch in mundgerechte Würfel schneiden. Die Zwiebeln und die Knoblauchzehe schälen und beides mit einem Messer kleinwürfeln.
2. Das Butterschmalz in einem Bratentopf erhitzen und das Fleisch darin unter Rühren kräftig anbraten. Die Zwiebeln und den Knoblauch dazugeben und goldgelb dünsten.
3. Dann alles mit dem Mehl bestäuben und mit dem Wein ablöschen. Das Tomatenmark mit 2 Eßlöffel der Petersilie hineinrühren und alles mit Rosmarin, Basilikum, Thymian, Salz und Pfeffer würzen.
4. Das Ragout bei mittlerer Hitze etwa 1 Stunde zugedeckt schmoren lassen. Währenddessen die Champignons kurz waschen, putzen und in recht feine Scheiben schneiden.
5. Nach Ende der Garzeit die Pilze zum Fleisch geben und das Ragout weitere 10 Minuten garen. Es zuletzt mit dem restlichen Eßlöffel Petersilie bestreuen.
Beilage:
Kartoffelpüree

Kalbsroulade nach Hausmannsart

Zubereitungszeit: ca. 1½ Stunden

Sie benötigen für 4 Portionen:

3 Eier	
4 dünne Kalbsschnitzel à ca. 150 g	
200 g Champignons	
1 Zwiebel	
1 EL Butterschmalz	
6 EL gehackte Petersilie	
Salz	
weißen Pfeffer aus der Mühle	
100 g Räucherspeck	
⅛ l Kalbsfond oder Fleischbrühe	
120 ml Weißwein	
3 EL Crème fraîche	
1 Msp. Zucker	

So wird's gemacht:

1. Die Eier hartkochen, abschrekken, pellen und in Würfel schneiden. Inzwischen die gewaschenen und trockengetupften Schnitzel mit der stumpfen Seite eines Messers etwas klopfen. Die Champignons kurz waschen, putzen und fein hacken. Die Zwiebel schälen und kleinwürfeln.

2. Das Butterschmalz in einer Pfanne erhitzen und die Zwiebel darin goldgelb dünsten. Die Champignons dazugeben und etwa 5 Minuten mitdünsten, dabei öfter umrühren. Die Pfanne vom Herd nehmen und die Eier sowie die Petersilie unter die Pilze mischen.

3. Die Schnitzel mit Salz und Pfeffer einreiben. Die Pilzmischung darauf geben. Die Schnitzel an den langen Seiten ein wenig einschlagen, dann von den schmalen Seiten her zusammenrollen. Die Rouladen mit Küchengarn umwickeln.

4. Den Speck in kleine Würfel schneiden und in einem Schmortopf auslassen. Die Rouladen dazugeben und von allen Seiten kräftig anbraten. Den Fond oder die Brühe angießen und die Rouladen zugedeckt bei milder Hitze etwa 50 Minuten schmoren lassen.

5. Die Rouladen aus dem Topf nehmen, die Fäden entfernen und das Fleisch warm stellen. Den Wein in die Sauce einrühren und sie etwas einköcheln lassen.

6. Die Crème fraîche hineinrühren und die Sauce mit Salz, Pfeffer und Zucker abschmecken. Die Rouladen zusammen mit der Sauce auf Tellern anrichten.

Beilage:
Semmelknödel oder Butternudeln
(auf dem Foto: links)

Schwalbennest

Zubereitungszeit: ca. 1 Stunde

Sie benötigen für 4 Portionen:
4 kleine Eier
4 sehr dünne, große Kalbsschnitzel à ca. 200 g
weißen Pfeffer aus der Mühle
4 Scheiben Räucherschinken
3 EL Butter
Salz
125 g Sahne
2 EL gehackte Petersilie

So wird's gemacht:
1. Die Eier hartkochen, abschrekken und pellen. Den Backofen auf 100 °C vorheizen.
2. Jedes gewaschene und trockengetupfte Schnitzel pfeffern und mit 1 Schinkenscheibe belegen. Darauf jeweils 1 Ei legen und die Schnitzel zu Rouladen zusammenrollen. Die Rouladen fest mit Küchengarn umwickeln.
3. Die Butter in einem Bräter auf dem Herd erhitzen und die Rouladen darin kurz anbraten. Sie danach salzen und auf der zweiten Schiene von unten im Ofen zugedeckt etwa 20 Minuten garen. Wenn nötig, etwas Wasser angießen.
4. Nach den 20 Minuten Garzeit die Sahne über die Rouladen gießen und diese offen im Backofen etwa 10 Minuten bräunen lassen.
5. Die Rouladen aus der Sauce nehmen und die Fäden entfernen. Die Sauce mit Salz und Pfeffer abschmecken. Die Rouladen quer durchschneiden und zusammen mit der Sauce auf Tellern anrichten. Mit der Petersilie bestreuen.
Beilagen:
Spätzle und Bohnengemüse
(auf dem Foto: rechts)

Kalbsbraten mit Rahmsauce

Zubereitungszeit: ca. 2¼ Stunden

Sie benötigen für 4 Portionen:

1 kg Kalbfleisch
aus der Oberschale
Salz
weißen Pfeffer
4 EL weiche Butter
7 Scheiben Räucherspeck
1 TL Butter für den Rost
50 ml Kalbsfond
50 g Crème fraîche
1 TL Speisestärke
1 Msp. Zucker

So wird's gemacht:

1. Den Backofen auf 180 °C vorheizen. Das gewaschene und trockengetupfte Fleisch mit Salz und Pfeffer einreiben, mit der Butter bestreichen und auf der Oberseite mit den Speckscheiben belegen.

2. Die Fettpfanne des Backofens mit etwas Wasser anfeuchten und auf der untersten Schiene in den Ofen schieben. Den Rost einfetten. Das Fleisch darauf legen und auf der zweiten Schiene von unten im Ofen etwa 1½ Stunden braten. Sobald der in die Fettpfanne abtropfende Bratensatz bräunt, ⅛ l heißes Wasser in die Fettpfanne gießen. Das Fleisch während des Bratens mehrmals wenden und öfter mit etwas Bratensaft begießen.

3. Wenn das Fleisch gar ist, es herausnehmen, in Alufolie einwickeln und im abgeschalteten Backofen etwa 10 Minuten ruhen lassen. Eine große Servierplatte zum Vorwärmen in den noch warmen Ofen stellen.

4. Inzwischen den Bratensatz in der Fettpfanne mit 175 ml heißem Wasser unter Rühren lösen und durch ein Sieb in einen Topf gießen. Den Kalbsfond und die Crème fraîche hineinrühren und die Sauce erhitzen.

5. Die Speisestärke mit wenig kaltem Wasser verrühren und unter Rühren in die Sauce geben. Die Sauce aufkochen lassen, bis sie sämig wird. Die Sauce mit Salz, Pfeffer und Zucker abschmecken.

6. Den Braten auswickeln, die Speckscheiben entfernen, das Fleisch in Scheiben schneiden und auf der vorgewärmten Platte anrichten. Die Sauce getrennt dazu reichen.

Beilagen:
Butternudeln und Möhrengemüse
(auf dem Foto: oben)

Kalbsbraten mit Orangen

Zubereitungszeit: ca. 2¼ Stunden

Sie benötigen für 4 Portionen:

1 kg Kalbfleisch aus der Oberschale
Salz
weißen Pfeffer
1 Msp. geriebene Muskatnuß
6 EL weiche Butter
2 Möhren
1 Bund Suppengrün
2 EL Weinbrand
2 unbehandelte Orangen
⅛ l trocken-fruchtiger Weißwein
2 EL Sahne
1 EL Speisestärke
1 Msp. Zucker

So wird's gemacht:

1. Den Backofen auf 180 °C vorheizen. Das gewaschene und trockengetupfte Fleisch mit Salz, Pfeffer und Muskat einreiben, mit der Butter bestreichen und in die Fettpfanne des Backofens legen.

2. Die Möhren und das Suppengrün waschen, putzen, gegebenenfalls schälen und in Scheiben schneiden. Das Gemüse zusammen mit ¼ l heißem Wasser zum Fleisch in die Fettpfanne geben.

3. Das Fleisch im Ofen auf der zweiten Schiene von unten etwa 1½ Stunden braten. Es dabei mehrmals wenden. Wenn nötig, etwas Wasser angießen.

4. Nach ¾ Stunden Garzeit den Braten mit etwas Salz bestreuen. Den Braten 10 Minuten vor Ende der Garzeit mit dem Weinbrand übergießen. Die Hälfte der Schale von ½ Orange fein abreiben, dann beide Orangen auspressen.

5. Wenn das Fleisch gar ist, es herausnehmen, in Alufolie einwickeln und im abgeschalteten Backofen etwa 10 Minuten ruhen lassen. Eine große Servierplatte in den noch warmen Ofen stellen.

6. Inzwischen den Bratensatz in der Fettpfanne durch ein Sieb in einen Topf streichen. Den Orangensaft und die -schale sowie den Wein und die Sahne in die Sauce einrühren und diese aufkochen lassen. Die Speisestärke mit wenig kaltem Wasser anrühren und die Sauce damit unter Rühren binden. Die Sauce mit Salz, Pfeffer und Zucker abschmecken.

7. Den Braten auswickeln, in Scheiben schneiden und auf der vorgewärmten Platte anrichten. Die Sauce getrennt dazu servieren.

Beilagen:
Salzkartoffeln und Chicoréesalat
(auf dem Foto: unten)

Kalbsrollbraten

Zubereitungszeit: ca. 1¾ Stunden

Sie benötigen für 4 Portionen:
1 kg Kalbsrollbraten
Salz
weißen Pfeffer aus der Mühle
¼ l Kalbsfond oder Fleischbrühe
1 TL Butter für den Rost
1 Tomate
1 Zwiebel
1 Möhre
100 g saure Sahne
1 TL Speisestärke

So wird's gemacht:
1. Den Backofen auf 180 °C vorheizen. Das gewaschene und trockengetupfte Fleisch mit Salz und Pfeffer einreiben.
2. Den Fond oder die Brühe in die Fettpfanne des Backofens geben und diese auf der untersten Schiene in den Ofen schieben. Den Rost mit der Butter einfetten, das Fleisch darauf legen und auf der zweiten Schiene von unten im Ofen etwa 1¼ Stunden braten. Es dabei mehrmals wenden und öfter mit dem Bratenfett begießen.
3. Inzwischen die Tomate waschen, putzen und achteln. Die Zwiebel und die Möhre schälen und beides grob würfeln. Das Gemüse nach 35 Minuten Garzeit in die Fettpfanne geben.
4. Wenn der Braten gar ist, ihn herausnehmen, in Alufolie einwickeln und im abgeschalteten Backofen etwa 10 Minuten ruhen lassen. Eine Servierplatte im Ofen vorwärmen.
5. Den Bratenfond in der Fettpfanne durch ein Sieb in einen Topf gießen und aufkochen lassen. Die saure Sahne mit der Speisestärke verrühren, in die Sauce einrühren und diese binden lassen. Die Sauce mit Salz und Pfeffer abschmecken und in eine Sauciere geben.
6. Den Braten auswickeln und die Fäden entfernen. Den Braten in Scheiben schneiden und auf der vorgewärmten Platte anrichten. Die Sauce dazu servieren.
Beilagen:
Spätzle und Erbsengemüse

Gefüllte Kalbsbrust

Zubereitungszeit: ca. 2¾ Stunden

Sie benötigen für 4 Portionen:

1 Brötchen vom Vortag
1 kg Kalbsbrust
1 Zwiebel
½ Bund Suppengrün
100 g Champignons
1 EL Öl
350 g gemischtes Hackfleisch
1 Ei
1 TL Zitronensaft
Salz, weißen Pfeffer
60 g weiche Butter
2 kleine Kartoffeln
1 TL Butterschmalz für den Rost
125 g saure Sahne
80 ml Kalbsfond

So wird's gemacht:

1. Das Brötchen in kaltem Wasser quellen lassen. Inzwischen aus der gewaschenen und trockengetupften Kalbsbrust die Knochen und Knorpel herausschneiden. Dann seitlich eine tiefe Tasche in das Fleischstück schneiden.

2. Die Zwiebel schälen und würfeln. Das Suppengrün putzen, waschen, gegebenenfalls schälen und fein würfeln. Den Backofen auf 180 °C vorheizen. Die Champignons kurz waschen, putzen und ebenfalls kleinwürfeln. Gemüse und Pilze in dem Öl etwa 10 Minuten dünsten.

3. Für die Füllung das Hackfleisch mit dem Ei, dem gut ausgedrückten Brötchen, der Zwiebel, dem Suppengrün, den Pilzen und dem Zitronensaft gut verkneten. Die Masse mit Salz und Pfeffer gut abschmecken.

4. Die Masse in die Fleischtasche füllen und die Öffnung mit Küchengarn zunähen. Das Fleisch mit Salz und Pfeffer einreiben und mit der Butter bestreichen.

5. Die Kartoffeln schälen und würfeln. Etwa ¼ l Wasser und die Kartoffelwürfel in die Fettpfanne des Backofens geben und diese auf der untersten Schiene in den Ofen schieben. Den Rost einfetten, die Kalbsbrust darauf legen und auf der zweiten Schiene von unten im Ofen etwa 1½ Stunden braten. Das Fleisch dabei mehrmals wenden und öfter mit dem Bratensaft begießen.

6. Wenn der Braten gar ist, ihn herausnehmen, in Alufolie einwickeln und im abgeschalteten Backofen etwa 10 Minuten ruhen lassen. Eine Servierplatte in den noch warmen Ofen stellen.

7. Den Bratenfond in der Fettpfanne durch ein Sieb in einen Topf streichen. Die saure Sahne und den Kalbsfond hineinrühren. Die Sauce kurz erwärmen, aber nicht kochen lassen, und mit Salz und Pfeffer abschmecken.

8. Den Braten auswickeln, die Fäden entfernen, den Braten in Scheiben schneiden und auf der vorgewärmten Platte anrichten. Die Sauce dazu reichen.

Beilagen:
Kartoffelplätzchen und gedünstete Champignons

Kalbshaxe mit Waldpilzen

Zubereitungszeit: ca. 2½ Stunden

Sie benötigen für 4 Portionen:

1 TL Sonnenblumenöl	
1 Kalbshaxe à ca. 700 g	
Salz	
weißen Pfeffer aus der Mühle	
2 TL weiche Butter	
1 Zwiebel	
150 g gemischte frische Pilze (z.B. Pfifferlinge, Steinpilze, Champignons)	
2 EL Butterschmalz	
1 EL Mehl	
5 EL Kalbsfond	
125 g Crème fraîche	

So wird's gemacht:

1. Den Backofen auf 180 °C vorheizen. Ein großes Stück Alufolie von einer Seite mit dem Öl einpinseln. Die Kalbshaxe waschen, trockentupfen und mit Salz sowie Pfeffer einreiben. Die Haxe zusammen mit 1 Teelöffel Butter auf die Folie legen. Die Folie zusammenschlagen und die Nähte fest zusammenfalzen.

2. Das Folienpaket mit den Falzstellen nach oben auf den Rost des Backofens legen und die Haxe auf der zweiten Schiene von unten im Ofen etwa 2 Stunden garen.

3. Nach dem Garen die Folie öffnen, den Fleischsaft durch ein Sieb in einen Topf gießen und beiseite stellen. Den Ofen auf 200 °C hochschalten. Die Haxe in der geöffneten Folie mit 1 Teelöffel Butter bestreichen und offen 15 bis 20 Minuten im Ofen bräunen.

4. Inzwischen die Zwiebel schälen und würfeln. Die Pilze kurz waschen, putzen und eventuell kleinschneiden.

5. Die Zwiebel in dem erhitzten Butterschmalz in einem Topf goldgelb dünsten. Die Pilze dazugeben, einige Minuten mitdünsten, dann mit dem Mehl bestäuben. Den aufgefangenen Fleischsaft und den Kalbsfond unter Rühren angießen und die Crème fraîche hineinrühren. Das Pilzgemüse etwa 5 Minuten köcheln lassen.

6. Das Pilzgemüse mit Salz und Pfeffer abschmecken und zur aufgeschnittenen Kalbshaxe servieren.

Kalbszungenragout

Zubereitungszeit: ca. 2¼ Stunden

Sie benötigen für 4–6 Portionen:

2 frische Kalbszungen à ca. 600 g
Salz
10 schwarze Pfefferkörner
2 Lorbeerblätter
1 Zwiebel
80 g Butter
2–3 EL Mehl
120 ml Weißwein
1 kleines Röhrchen Kapern
250 g saure Sahne
1 EL Zitronensaft

So wird's gemacht:

1. Die gewaschenen und trockengetupften Kalbszungen in reichlich kochendes Salzwasser geben. Die Pfefferkörner und die Lorbeerblätter dazugeben. Die Zwiebel schälen, vierteln und ebenfalls dazugeben. Die Zungen bei mittlerer Hitze 1 bis 1½ Stunden zugedeckt kochen. Sie sind weich, wenn sich die Zungenspitzen mit einer Gabel leicht durchstechen lassen.

2. Die gegarten Zungen aus der Brühe nehmen und abschrecken. Die Brühe aufheben. Die Zungen häuten. Dafür mit einem spitzen Messer am dicken Ende unter die Haut stechen, diese lösen und zur Zungenspitze hin abziehen. Die Zungen quer in etwa 1 cm dicke Scheiben schneiden.

3. Die Butter in einem Topf erhitzen und das Mehl darin hell anschwitzen. ½ l der Zungenbrühe sowie den Weißwein unter Rühren angießen, die Sauce einmal aufkochen und anschließend ungefähr 10 Minuten köcheln lassen.

4. Die Kapern und die saure Sahne in die nicht mehr kochende Sauce einrühren und diese mit Salz und Zitronensaft abschmecken.

5. Die Zungenscheiben in der Sauce bei milder Hitze erwärmen.

Beilagen:
Butterreis und Blattsalat

Kalbsleber mit Apfelsauce

Zubereitungszeit: ca. ¾ Stunden

Sie benötigen für 4 Portionen:

500 g säuerliche Äpfel
1 Schalotte
1 EL Butterschmalz
2 EL Calvados
100 g Sahne
4 Scheiben Kalbsleber à ca. 200 g
Salz
weißen Pfeffer aus der Mühle
¼ TL getrockneter Majoran

So wird's gemacht:
1. Die Äpfel schälen und vierteln. Die Kerngehäuse entfernen und das Fruchtfleisch in Würfel schneiden. Die Schalotte schälen und ebenfalls würfeln.
2. Dann 1 Eßlöffel Butterschmalz in einem Topf erhitzen und die Apfel- und Schalottenwürfel darin andünsten. Sie dürfen aber nicht braun werden. Alles mit dem Calvados und ⅛ l Wasser ablöschen, die Sahne dazugeben und das Obst bei geringer Hitze köcheln lassen, bis es weich ist. Die Sauce etwas abkühlen lassen, dann mit dem Pürierstab ganz fein pürieren.
3. Nun 1 Eßlöffel Butterschmalz in einer Pfanne erhitzen und die Leber darin von jeder Seite etwa 2 Minuten braten. Sie herausnehmen und in Alufolie eingeschlagen, einige Minuten ruhen lassen.
4. Die Apfelcreme nochmals erwärmen und mit Salz, Pfeffer sowie Majoran abschmecken.
5. Die Leber auf vorgewärmten Tellern anrichten und die Apfelcreme dazugeben.
Beilage:
Kartoffelpüree

Gerichte mit Rindfleisch

*Auf Grund seines typischen aromatisch-
würzigen Geschmacks erfreut sich
Rindfleisch bei uns immer großer Beliebtheit.
In diesem Kapitel finden Sie neben
Altbewährtem, wie Rinderroulade, Tafelspitz und
Sauerbraten, auch viele neue
Kreationen, mit denen Sie sich, Ihre Familie
und auch Ihre Gäste verwöhnen können.*

Rumpsteak nach Art des Hauses

Zubereitungszeit: 15–25 Minuten

Sie benötigen für 4 Portionen:
4 Rumpsteaks à ca. 150 g
2 EL Butterschmalz
Salz
schwarzen Pfeffer aus der Mühle
2–3 EL geriebenen Meerrettich

So wird's gemacht:
1. Die gewaschenen und trockengetupften Steaks mit dem flachen Messer leicht klopfen. Die Fettränder mehrfach einschneiden, damit sich das Fleisch beim Braten nicht wölbt. Dabei aber nicht bis ins Fleisch schneiden.
2. Das Butterschmalz in einer Pfanne stark erhitzen und die Steaks darin braten. Sollen sie noch blutig sein, reicht 1 Minute von jeder Seite. Brät man sie 2 bis 3 Minuten von jeder Seite, sind sie rosa. Brät man sie 4 bis 5 Minuten von jeder Seite, sind sie durch. Die Steaks während des Bratens öfter mit dem Bratensatz begießen.
3. Die Steaks nach dem Braten mit Salz und Pfeffer würzen, aus der Pfanne nehmen und auf einer vorgewärmten Platte anrichten.
4. Den Bratensatz in der Pfanne mit etwas Wasser unter Rühren loskochen, mit Salz und Pfeffer abschmecken und über die Steaks gießen. Jedes Fleischstück mit einem Klecks geriebenem Meerrettich garnieren.
Beilage:
frisches Vollkornbaguette
(auf dem Foto: links)

Rinderfiletsteak mit Pfeffersauce

Zubereitungszeit: ca. ½ Stunde

Sie benötigen für 4 Portionen:
4 Rinderfiletsteaks à ca. 160 g
2 EL Butterschmalz
Salz
schwarzen Pfeffer aus der Mühle
4 EL trockenen Sherry
2 EL eingelegten grünen Pfeffer
100 g Sahne
1–2 Tropfen Worcestersauce

So wird's gemacht:
1. Die Filetsteaks waschen und trockentupfen. Das Butterschmalz in einer Pfanne erhitzen und die Steaks darin von jeder Seite in 2 bis 3 Minuten rosa braten.
2. Die Steaks danach mit Salz und Pfeffer würzen und mit Alufolie bedeckt warm stellen.
3. Den Bratensatz mit dem Sherry ablöschen. Den Pfeffer und die Sahne hineinrühren und die Sauce bei mittlerer Hitze sämig einkochen lassen.
4. Die Sauce mit etwas Salz und der Worcestersauce abschmecken und zu den Steaks servieren.
Beilagen:
Folienkartoffeln und Salat
(auf dem Foto: rechts)

Mariniertes T-Bone-Steak mit Kräuterbutter

Marinierzeit:
über Nacht (ca. 12 Stunden)
Zubereitungszeit: ca. 40 Minuten

Sie benötigen für 4 Portionen:

2 T-Bone-Steaks à ca. 600 g
2 Zwiebeln
2 Knoblauchzehen
1/8 l trockenen Rotwein
5 EL Rotweinessig
8 EL Olivenöl
1 EL Kräuter der Provence
3 EL Butterschmalz
Salz
1 TL grob gemahlenen schwarzen Pfeffer
80 g Kräuterbutter, in Scheiben

So wird's gemacht:

1. Die Steaks waschen und trockentupfen. Die Zwiebeln und den Knoblauch schälen. Die Zwiebeln in Ringe schneiden, den Knoblauch in eine sehr große, flache Schüssel pressen.
2. Rotwein, Essig und Öl mit einem Schneebesen zu einer Marinade verrühren.
3. Die Hälfte der Zwiebelringe und ½ Eßlöffel der Kräuter zum Knoblauch geben und die Hälfte der Marinade dazugießen.
4. Die Steaks nebeneinander in die Knoblauchmarinade legen, mit den restlichen Zwiebeln und Kräutern bedecken und die restliche Marinade darübergießen. Das Fleisch über Nacht zugedeckt in der Marinade im Kühlschrank durchziehen lassen.
5. Danach die Steaks aus der Marinade nehmen und gut abtropfen lassen. Das Butterschmalz in einer Pfanne erhitzen und die Steaks darin von jeder Seite etwa 10 Minuten bei mittlerer Hitze braten. Sie dann herausnehmen und in Alufolie eingeschlagen etwa 10 Minuten ruhen lassen.
6. Die Steaks mit Salz und etwas Pfeffer bestreuen und mit der Kräuterbutter belegt servieren.

Beilagen:
kräftiges Bauernbrot und Grilltomaten

Chateaubriand mit Fruchtsauce

Zubereitungszeit: ca. ½ Stunde

Sie benötigen für 4 Portionen:
3 EL Butterschmalz
2 Scheiben Rinderfilet à ca. 400 g
Salz
schwarzen Pfeffer aus der Mühle
2 Kiwis
Saft von 2 Orangen
3 EL Johannisbeergelee
1 TL Dijon-Senf
einige Mandarinenspalten
zum Garnieren

So wird's gemacht:
1. Das Butterschmalz in einer Pfanne erhitzen und die gewaschenen, trockengetupften Filetscheiben darin von beiden Seiten scharf anbraten. Dann die Filets bei mittlerer Hitze von jeder Seite 5 bis 7 Minuten weiterbraten. Sie anschließend aus der Pfanne nehmen, mit Salz und Pfeffer würzen und für etwa 10 Minuten zugedeckt warm stellen.
2. Inzwischen die Kiwis schälen und in Scheiben schneiden. Sie kurz in dem heißen Bratfett andünsten, dann zum Fleisch legen.
3. Den Bratensatz mit dem Orangensaft unter Rühren ablöschen. Das Johannisbeergelee und den Senf hineinrühren. Die Sauce etwas einkochen lassen, dann mit Salz und Pfeffer abschmecken.
4. Die Steaks in Scheiben schneiden und zusammen mit der Sauce und den Kiwischeiben auf vier Tellern anrichten. Die Steaks mit den Mandarinenspalten garnieren.
Beilage:
körniger Langkornreis

Sahnegeschnetzeltes

Zubereitungszeit: ca. ½ Stunde

Sie benötigen für 4 Portionen:

250 g Rinderfilet
2 Zwiebeln
3 kleine Tomaten
200 g grünen Spargel
Salz
2 EL Butterschmalz
schwarzen Pfeffer aus der Mühle
200 g Sahne
½ TL mittelscharfen Senf
1 TL Johannisbeergelee
einige Petersilienzweige

So wird's gemacht:

1. Das gewaschene und trockengetupfte Fleisch in dünne Streifen schneiden. Die Zwiebeln schälen, die Tomaten waschen und putzen. Beides vierteln.

2. Den Spargel waschen, die Enden etwas kürzen und dünn schälen. Den Spargel in reichlich Salzwasser in etwa 10 Minuten bißfest garen.

3. Inzwischen das Butterschmalz in einer Pfanne erhitzen und die Fleischstreifen darin scharf anbraten. Mit Salz und Pfeffer bestreuen, dann herausnehmen und zugedeckt warm stellen.

4. Die Zwiebeln im Bratfett goldgelb dünsten, mit der Sahne ablöschen und diese sämig einköcheln lassen.

5. Die Sauce mit Senf, Salz, Pfeffer und Johannisbeergelee pikant abschmecken. Danach die Tomaten dazugeben. Von dem Spargel einige Stangen in Stücke schneiden und sie zusammen mit dem Fleisch in der Sauce erwärmen.

6. Das Geschnetzelte zusammen mit dem restlichen Spargel auf Tellern anrichten. Mit der Petersilie garnieren.

Beilage:
Rösti oder Salzkartoffeln

Rindfleisch in Weißwein

Zubereitungszeit: ca. 1¼ Stunden

Sie benötigen für 4 Portionen:
400 g Rindfleisch aus der Blume
150 g Räucherspeck
1 Zwiebel
1 eingelegte Pfefferschote
1 Tomate
1 EL Butterschmalz
Salz
schwarzen Pfeffer aus der Mühle
¼ TL Paprikapulver edelsüß
¼ TL getrockneten Majoran
¼ l Weißwein
2 EL gehackte Petersilie

So wird's gemacht:
1. Das gewaschene und trockengetupfte Fleisch in 2 cm breite Streifen schneiden. Den Speck würfeln. Die Zwiebel schälen und ebenfalls kleinwürfeln. Die Pfefferschote fein hacken. Die Tomate waschen, putzen und achteln.
2. Das Butterschmalz in einem Topf erhitzen. Speck und Zwiebeln darin glasig dünsten. Dann beides herausnehmen.
3. Das Fleisch in dem Bratfett unter Wenden scharf anbraten. Die Hitze reduzieren, dann Speck- und Zwiebelwürfel zum Fleisch geben. Alles mit Salz, Pfeffer, Paprikapulver und Majoran abschmecken.
4. Den Wein angießen, die Pfefferschote und die Tomatenstücke dazugeben und alles zugedeckt ¾ bis 1 Stunde bei milder Hitze schmoren lassen. Vor dem Anrichten die Petersilie darüberstreuen.
Beilagen:
Reis und Grilltomaten

Pfefferpotthast

Zubereitungszeit: ca. 2 Stunden

Sie benötigen für 4 Portionen:

500 g Zwiebeln
500 g Rindfleisch aus dem Bug
½ unbehandelte Zitrone
5 EL Butterschmalz
Salz
schwarzen Pfeffer aus der Mühle
10 Pimentkörner
3 Gewürznelken
2 Lorbeerblätter
1 Zwieback
1 Msp. Zucker

So wird's gemacht:
1. Die Zwiebeln schälen und in grobe Würfel schneiden. Das gewaschene, trockengetupfte Fleisch in mundgerechte Stücke schneiden. Die Zitrone gut waschen und dann in Scheiben schneiden.
2. Das Butterschmalz in einem Bratentopf erhitzen und das Fleisch darin kräftig anbraten. Die Zwiebeln dazugeben und goldgelb dünsten.
3. Etwa ½ l heißes Wasser angießen, alles mit Salz und Pfeffer bestreuen und Pimentkörner, Nelken, Lorbeerblätter sowie die Zitronenscheiben dazugeben.
4. Das Potthast zugedeckt etwa 1½ Stunden bei geringer Hitze schmoren lassen. Dabei ab und zu umrühren und verdampftes Wasser ergänzen.
5. Dann die Lorbeerblätter entfernen. Den Zwieback fein reiben und die Sauce mit den Bröseln binden. Das Potthast vor dem Servieren mit Salz, Pfeffer und Zucker pikant abschmecken.

Beilagen:
Salzkartoffeln und Gewürzgurken oder Rote-Bete-Salat
(auf dem Foto: links)

Rindfleisch-Bohnen-Ragout

Zubereitungszeit: ca. 1¼ Stunden

Sie benötigen für 4 Portionen:
700 g Rindfleisch aus der Blume
2 Zwiebeln
1 Knoblauchzehe
150 g grüne Bohnen
1 Bund Estragon
3 EL Öl
200 ml Rinderfond
oder Fleischbrühe
3 EL Kräuteressig
500 g weiße Bohnen aus der Dose
250 g Kidneybohnen aus der Dose
Salz
schwarzen Pfeffer aus der Mühle
2 EL gehackte Petersilie

So wird's gemacht:
1. Das gewaschene und trockengetupfte Fleisch in mundgerechte Würfel schneiden. Die Zwiebeln und die Knoblauchzehe schälen und beides in feine Würfel schneiden. Die grünen Bohnen putzen, waschen und in 3 cm lange Stücke schneiden. Den Estragon waschen, trockentupfen und fein hacken.
2. Das Öl in einem großen Schmortopf erhitzen und das Fleisch darin von allen Seiten scharf anbraten. Die Zwiebeln und den Knoblauch dazugeben und glasig dünsten. Den Fond oder die Brühe sowie den Essig angießen und alles zugedeckt bei mittlerer Hitze etwa 35 Minuten schmoren lassen.
3. Die grünen Bohnen in den Topf geben und 10 Minuten mitgaren.
4. Danach die abgetropften weißen und roten Bohnen zum Fleisch geben und alles weitere 10 Minuten schmoren lassen.
5. Das Ragout mit Salz und Pfeffer abschmecken und mit Estragon und Petersilie bestreut servieren.
Beilage:
Salzkartoffeln
(auf dem Foto: rechts)

Süß-saures Beinfleisch

Zubereitungszeit: ca. 2½ Stunden

Sie benötigen für 4 Portionen:

100 g Backpflaumen ohne Steine
5 EL Weinessig
4 Beinscheiben vom Rind
à ca. 300 g
Salz
schwarzen Pfeffer aus der Mühle
1 EL Mehl
3 Zwiebeln
3 EL Butterschmalz
¾ l Rinderfond oder Fleischbrühe
500 g Möhren
1 EL Speisestärke

So wird's gemacht:
1. Die Pflaumen halbieren. Den Essig mit ⅛ l kaltem Wasser mischen und die Pflaumen darin etwa 1½ Stunden quellen lassen.
2. Inzwischen das Fleisch garen. Dafür die gewaschenen und trokkengetupften Beinscheiben mit Salz und Pfeffer einreiben und mit dem Mehl bestäuben. Die Zwiebeln schälen und in grobe Würfel schneiden.
3. Das Butterschmalz in einem großen Bräter erhitzen und das Fleisch darin von beiden Seiten kräftig anbraten. Dann herausnehmen.
4. Die Zwiebeln in dem Bratfett goldgelb andünsten. Dann das Fleisch wieder in den Topf geben, den Fond oder die Brühe dazugießen und alles zugedeckt bei mittlerer Hitze etwa 2 Stunden schmoren lassen.
5. Zwischenzeitlich die Möhren putzen, schälen und in Scheiben schneiden. Die Möhren nach etwa 1 Stunde Garzeit zum Fleisch geben.
6. Die Pflaumen aus dem Essigwasser nehmen (dieses aufheben), gut abtropfen lassen und etwa ½ Stunde vor Ende der Garzeit zum Fleisch geben. Das Fleisch fertig schmoren.
7. Die Speisestärke mit dem Essigwasser verrühren und die Bratensauce damit binden. Die Sauce mit Salz und Pfeffer abschmecken und alles noch etwa 10 Minuten weiterschmoren lassen.
8. Das Fleisch aus dem Bräter nehmen, von den Knochen lösen, in Portionen schneiden und zusammen mit dem Schmorgemüse in der Sauce servieren.
Beilage:
Butternudeln oder Salzkartoffeln

Rinderroulade

Zubereitungszeit: ca. 1¾ Stunden

Sie benötigen für 4 Portionen:
1 Zwiebel
2 kurze Gewürzgurken
100 g Sellerieknolle
80 g Porree
1 große Kartoffel
4 Scheiben Rouladenfleisch vom Rind à ca. 250 g
4 TL scharfen Senf
schwarzen Pfeffer aus der Mühle
½ TL Paprikapulver edelsüß
4 Scheiben Räucherspeck
3 EL Butterschmalz
1 TL Salz
6 EL Rotwein
50 g Crème fraîche
2 EL gehackte Petersilie

So wird's gemacht:

1. Die Zwiebel schälen und würfeln. Die Gurken fein würfeln. Den Sellerie schälen, putzen und grob würfeln. Den Porree putzen, waschen und in Ringe schneiden. Die Kartoffel schälen und kleinwürfeln.

2. Jede der gewaschenen und trockengetupften Fleischscheiben auf einer Seite dünn mit Senf bestreichen. Pfeffer, Paprikapulver, Gurken- und Zwiebelwürfel darüberstreuen und jeweils 1 Scheibe Speck darauflegen. Die langen Fleischseiten seitlich etwas einschlagen, dann die Rouladen zusammenrollen und mit Küchengarn umwickeln.

3. Das Butterschmalz in einem Schmortopf erhitzen und die Rouladen darin von allen Seiten anbraten, bis sie gut gebräunt sind. Sie dann herausnehmen.

4. Den Bratensatz mit 300 ml Wasser loskochen. Sellerie, Porree, Kartoffel und das Salz dazugeben. Die Rouladen wieder in den Topf legen und zugedeckt bei milder Hitze etwa 1 Stunde schmoren lassen. Sie dabei mehrmals wenden.

5. Wenn die Rouladen gar sind, sie aus dem Topf nehmen, die Fäden entfernen und die Rouladen zugedeckt warm stellen.

6. Die Sauce durch ein Sieb in einen Topf streichen und erhitzen. Den Wein und die Crème fraîche hineinrühren und die Sauce mit Salz und etwas Paprikapulver abschmecken.

7. Die Rouladen in die Sauce geben und mit der Petersilie bestreut servieren.

Beilagen:
Spätzle und grüne Bohnen

Rinderroulade mit Kräuterfüllung

Zubereitungszeit: ca. 2¼ Stunden

Sie benötigen für 4 Portionen:

1 Brötchen vom Vortag
250 g Champignons
2 Knoblauchzehen
2 Zwiebeln
1 Bund Petersilie
2 EL Butter
5 TL mittelscharfen Senf
50 g geriebenen Emmentaler
Salz
schwarzen Pfeffer aus der Mühle
4 Scheiben Rouladenfleisch
vom Rind à ca. 200 g
3 EL Butterschmalz
3 EL Rinderfond
2 EL Tomatenmark
1–2 EL Speisestärke
1 Msp. Zucker

So wird's gemacht:
1. Das Brötchen in Wasser quellen lassen. Inzwischen die Champignons kurz waschen und putzen. 150 g davon in feine Würfel, die restlichen in Scheiben schneiden. Die Knoblauchzehen schälen und grob hacken. Die Zwiebeln schälen und würfeln. Die Petersilie kurz waschen, trockentupfen und fein hacken.
2. Die Butter in einer Pfanne erhitzen und Champignonwürfel sowie Knoblauch darin kurz andünsten.
3. Das Brötchen gut ausdrücken und mit dem Pfanneninhalt, zwei Dritteln der Petersilie, 3 Teelöffeln Senf und dem Käse zu einer Masse verkneten. Diese mit Salz und Pfeffer abschmecken.
4. Die gewaschenen und trockengetupften Fleischscheiben mit etwas Salz und Pfeffer einreiben und mit der Champignonmasse bestreichen. Die Fleischscheiben seitlich etwas einschlagen, jeweils von der schmalen Seite her zusammenrollen und mit Küchengarn umwickeln.

5. Das Butterschmalz in einem großen Schmortopf erhitzen und die Rouladen darin bei mittlerer Hitze etwa 10 Minuten von allen Seiten kräftig anbraten. Zwiebelwürfel und Champignonscheiben dazugeben und kurz mitbraten.
6. Knapp 600 ml Wasser sowie den Fond angießen und 2 Teelöffel Senf sowie das Tomatenmark hineinrühren. Die Rouladen zugedeckt bei milder Hitze etwa 1 Stunde und 10 Minuten schmoren lassen.
7. Die gegarten Rouladen herausnehmen, die Fäden entfernen und das Fleisch dann zugedeckt warm stellen.
8. Die Sauce aufkochen lassen. Die Speisestärke mit wenig kaltem Wasser anrühren und die Sauce unter Rühren damit binden. Die Sauce mit Salz, Pfeffer und Zucker abschmecken, mit der restlichen Petersilie bestreuen und zusammen mit den Rouladen anrichten.
Beilagen:
Salzkartoffeln und Rosenkohl
(auf dem Foto: oben)

Rinderroulade auf spanische Art

Zubereitungszeit: ca. 2 Stunden

Sie benötigen für 4 Portionen:

12 entkernte schwarze Oliven
1 mittelgroße Aubergine (ca. 500 g)
150 g Zwiebeln
250 g Möhren
4 Scheiben Rouladenfleisch
vom Rind à ca. 200 g
Salz, schwarzen Pfeffer
1 TL getrockneten Rosmarin
2 EL Butterschmalz
200 ml kräftigen, trockenen Rotwein
5 EL Rinderfond
3 EL saure Sahne
1 Msp. Zucker

So wird's gemacht:
1. Die Hälfte der Oliven grob hacken, die restlichen Oliven halbieren. Die Aubergine waschen, putzen und aus der Mitte der Länge nach vier dünne Scheiben herausschneiden. Die übrigbleibenden Seitenteile der Aubergine würfeln. Die Zwiebeln schälen und achteln. Die Möhren putzen, schälen und in Scheiben schneiden.
2. Die gewaschenen und trockengetupften Rouladenfleischscheiben mit Salz, Pfeffer und Rosmarin würzen. Auf jede Fleischscheibe eine Auberginenscheibe und ein Viertel der gehackten Oliven legen. Die Fleischscheiben seitlich etwas einschlagen, jeweils von der schmalen Seite her zusammenrollen und mit Küchengarn umwickeln.
3. Das Butterschmalz in einem Schmortopf erhitzen und die Rouladen darin von allen Seiten kräftig anbraten. Zwiebeln, Möhren und Auberginenwürfel dazugeben und etwa 10 Minuten bei mittlerer Hitze mitschmoren lassen.
4. Den Rotwein angießen und die Rouladen zugedeckt etwa 1½ Stunden bei milder Hitze schmoren lassen. Eventuell etwas Wasser nachgießen, wenn zu wenig Flüssigkeit im Topf ist.
5. Die Rouladen dann herausnehmen, die Fäden entfernen und die Rouladen zugedeckt warm stellen.
6. Die Olivenhälften und den Rinderfond in die Sauce geben und diese kurz aufkochen lassen. Die saure Sahne in die nicht mehr kochende Sauce einrühren und diese mit Salz, Pfeffer und Zucker abschmecken. Die Rouladen zusammen mit der Olivensauce servieren.
Beilage:
würziger Kräuterreis
(auf dem Foto: unten)

Rinderfilet Esterhàzy

Zubereitungszeit: ca. 1 Stunde

Sie benötigen für 4 Portionen:

100 g fetten Räucherspeck
1 Zwiebel
1 Stange Porree
1 Möhre
1 Stück Sellerieknolle (100 g)
500 g Rinderfilet
Salz
schwarzen Pfeffer aus der Mühle
1 TL Dijon-Senf
1 EL Butterschmalz
¼ l Rinderfond
125 g saure Sahne
1 EL Speisestärke

So wird's gemacht:

1. Den Speck und die geschälte Zwiebel würfeln. Den Porree putzen, waschen und in feine Ringe schneiden. Die Möhre und den Sellerie schälen, putzen und in dünne Streifen schneiden.

2. Das gewaschene, trockengetupfte Fleisch mit Salz und Pfeffer einreiben und von allen Seiten mit dem Senf bestreichen.

3. Das Butterschmalz in einer Pfanne erhitzen und das Fleisch darin von allen Seiten gut anbraten. ⅛ l des Fonds angießen und das Fleisch bei milder Hitze etwa ¼ Stunde zugedeckt schmoren lassen.

4. Währenddessen in einer zweiten Pfanne den Speck auslassen. Zwiebel, Sellerie, Möhre und Porree dazugeben und alles ungefähr 10 Minuten dünsten. Den restlichen ⅛ l Fond angießen, alles kurz aufkochen lassen und etwa 5 Minuten garen.

5. Wenn das Fleisch gar ist, es herausnehmen, in Alufolie einwickeln und etwa 10 Minuten ruhen lassen. Die saure Sahne mit der Speisestärke verrühren und dann in den Bratensatz in der Pfanne geben. Die Sauce glattrühren und mit Salz sowie Pfeffer gut abschmecken.

6. Das Filet auswickeln, in Scheiben schneiden und auf einer vorgewärmten Platte anrichten. Die Gemüsesauce getrennt dazu servieren.

Beilage:
Petersilienkartoffeln

Wiener Tafelspitz

Zubereitungszeit: ca. 2¾ Stunden

Sie benötigen für 4 Portionen:
Salz
1 kg Hüftdeckel vom Rind (Tafelspitzstück)
1 Lorbeerblatt
8 Möhren
1 kleine Sellerieknolle
4 Stangen Porree
2 Zwiebeln
4 Gewürznelken
8 mittelgroße Kartoffeln

So wird's gemacht:
1. Zunächst 1 l Salzwasser aufkochen lassen. Das gewaschene Fleisch zusammen mit dem Lorbeerblatt hineingeben und bei milder Hitze 2¼ bis 2½ Stunden zugedeckt garen. Dabei aufsteigenden Schaum immer wieder abschöpfen.
2. Inzwischen die Möhren und den Sellerie putzen, schälen und würfeln. Den Porree putzen, waschen und in Ringe schneiden. Die Zwiebeln schälen und mit den Nelken spicken. Die Kartoffeln schälen, waschen und kleinschneiden. Das Gemüse nach 1¾ Stunden Garzeit zum Fleisch geben und dieses weiterköcheln lassen, bis es gar ist.
3. Dann das Fleisch aus der Brühe nehmen, in Scheiben schneiden und auf einer vorgewärmten Platte anrichten. Das Gemüse in ein Sieb abgießen, die gespickte Zwiebel und das Lorbeerblatt entfernen. Das Fleisch mit dem Gemüse umlegen.
Beilage:
geriebener Meerrettich

Sauerbraten

Marinierzeit: 2–3 Tage
Zubereitungszeit: ca. 3 Stunden

Sie benötigen für 4 Portionen:

Für die Marinade:
2 Möhren
1 kleine Sellerieknolle
1 Zwiebel
¼ l Weißwein
¼ l Kräuteressig
4 Nelken
1 Lorbeerblatt
6 Pimentkörner
6 Pfefferkörner
Salz

Für den Braten:
Salz
1 kg Rindfleisch aus der Oberschale
schwarzen Pfeffer aus der Mühle
1 EL Mehl
50 g Butterschmalz
125 g saure Sahne

So wird's gemacht:

1. Die Möhren putzen, schälen und in Scheiben schneiden. Den Sellerie putzen, schälen und würfeln. Die Zwiebel schälen und kleinschneiden.

2. Den Wein und den Essig zusammen mit ¼ l Wasser in einen Topf gießen. Zwiebel, Nelken, Lorbeerblatt, Piment- und Pfefferkörner sowie etwas Salz dazugeben und den Sud aufkochen lassen. Das Gemüse dazugeben und die Marinade etwa ¼ Stunde kochen lassen. Sie dann abkühlen lassen.

3. Das gewaschene und trockengetupfte Fleisch in eine Schüssel legen und mit der Beize übergießen, so daß es ganz bedeckt ist. Das Fleisch unter öfterem Wenden 2 bis 3 Tage zugedeckt im Kühlschrank marinieren.

4. Anschließend das Fleisch aus der Marinade nehmen, trockentupfen, mit Salz und Pfeffer einreiben und mit dem Mehl bestäuben.

Die Marinade durch ein Sieb gießen und mit der gleichen Menge Wasser auffüllen. Das Gemüse im Sieb beiseite stellen.

5. Das Butterschmalz in einem großen Bratentopf stark erhitzen und das Fleisch darin von allen Seiten anbraten. Es danach mit etwa 100 ml der Marinade ablöschen und zugedeckt 1½ bis 2 Stunden schmoren lassen. Den Braten dabei mehrmals wenden und etwa ½ l der Marinade angießen.

6. Wenn das Fleisch weich ist, es herausnehmen und zugedeckt warm stellen.

7. Die Möhren und einen Teil der Sellerieknolle (aus dem Sieb) durch ein Sieb in die Bratensauce streichen, diese erhitzen und eindicken lassen. Die saure Sahne in die nicht mehr kochende Sauce einrühren und diese mit Salz und Pfeffer abschmecken.

8. Das Fleisch in Scheiben schneiden, auf einer vorgewärmten Platte anrichten und die Sauce getrennt dazu reichen.

Beilage:
Nudeln oder Kartoffelklöße
(auf dem Foto: oben)

Roastbeef auf englische Art

Zubereitungszeit: ca. 1–1¼ Stunden

Sie benötigen für 4 Portionen:
1 kg Roastbeef
1 EL Öl
2 EL Dijon-Senf
1 Zwiebel
1 TL Butterschmalz für den Rost
Salz
schwarzen Pfeffer aus der Mühle
1 TL Speisestärke
3 EL saure Sahne
1 Msp. Paprikapulver edelsüß
1 Msp. Zucker

So wird's gemacht:

1. Den Backofen auf 200 °C vorheizen. Das gewaschene und trockengetupfte Fleisch von Häuten und Sehnen befreien, mit etwas Öl einreiben und rundherum dünn mit dem Senf bestreichen. Die Zwiebel schälen und vierteln.

2. In die Fettpfanne des Backofens 120 ml Wasser gießen und die Zwiebelstücke hineinlegen. Die Fettpfanne auf der unteren Schiene in den Ofen schieben. Das Fleisch mit der Fettseite nach oben auf den gefetteten Rost legen und auf der zweiten Schiene von unten im Ofen etwa ¼ Stunde braten.

3. Das Fleisch dann nochmals mit etwas Öl bepinseln, mit Salz und Pfeffer bestreuen und wenden. Das Roastbeef weiterbraten. Soll es noch blutig sein, reichen 10 Minuten Garzeit. Für ein rosa gebratenes Stück benötigen Sie 15 bis 20 Minuten. Soll es durch sein, dauert es 25 bis 30 Minuten.

4. Das Fleisch dann herausnehmen, in Alufolie einwickeln und im ausgeschalteten Ofen mindestens 10 Minuten ruhen lassen.

5. Inzwischen den Bratensatz in der Fettpfanne mit etwa ⅛ l heißem Wasser unter Rühren loskochen, durch ein Sieb in einen Topf gießen und aufkochen lassen. Die Speisestärke mit der sauren Sahne verrühren und die Sauce damit unter Rühren binden.

6. Die Sauce mit Paprikapulver, Pfeffer, Zucker und Salz abschmecken. Das Roastbeef auswickeln, in Scheiben schneiden und dazu servieren.

Beilagen:
Kartoffeln und Prinzeßbohnen
(auf dem Foto: unten)

Roastbeef mit Pfefferkruste

Zubereitungszeit: 1¼–1½ Stunden

Sie benötigen für 4 Portionen:
1 kg Roastbeef
Salz
2 EL Sonnenblumenöl
200 g Pfefferkörner
1 TL Butterschmalz für den Rost
1 Zwiebel
1 Tomate
3 EL Rinderfond
5 EL saure Sahne
2 EL trockenen Sherry
schwarzen Pfeffer aus der Mühle

So wird's gemacht:

1. Den Backofen auf 200 °C vorheizen. Das gewaschene und trokkengetupfte Fleisch von Häuten und Sehnen befreien. Das Fleisch mit wenig Salz einreiben und gut mit dem Öl einpinseln. Die Pfefferkörner in einem Mörser zerstoßen und fest auf die Fettseite des Fleischstücks drücken, so daß es mit einer dicken Pfefferschicht bedeckt ist.
2. Die Fettpfanne des Ofens mit etwas Wasser anfeuchten und auf der unteren Schiene in den Ofen schieben. Das Roastbeef mit der Pfefferschicht nach oben auf den gefetteten Rost legen und auf der zweiten Schiene von unten im Ofen etwa ¼ Stunde braten. Sobald der in die Fettpfanne abtropfende Bratensatz bräunt, ⅛ l Wasser hineingießen.
3. Während das Fleisch brät, die Zwiebel schälen und vierteln. Die Tomate waschen, putzen und grob würfeln.
4. Nach der ¼ Stunde Bratzeit den Ofen auf 170 °C zurückschalten und das Gemüse sowie den Fond in die Fettpfanne geben. Das Fleisch weiterbraten. Soll es innen noch blutig sein, reichen 15 Minuten Bratzeit. Für rosa gebratenes Fleisch rechnet man 20 bis 25 Minuten, für durchgebratenes 30 bis 35 Minuten.
5. Wenn das Fleisch gar ist, es in Alufolie einwickeln und im ausgeschalteten Backofen 10 bis 15 Minuten ruhen lassen.
6. Den Bratensatz in der Fettpfanne mit 100 ml heißem Wasser unter Rühren loskochen, durch ein feines Sieb in einen Topf streichen und erhitzen. Die saure Sahne in die nicht mehr kochende Sauce einrühren und diese mit Sherry, Salz und Pfeffer abschmecken.
7. Das Roastbeef auswickeln, in Scheiben schneiden und zusammen mit der Sauce servieren.

Beilagen:
Ofenkartoffeln und Blattsalat

Rinderfilet mit Cognacsauce und Rosenkohl

Zubereitungszeit: ca. 50 Minuten

Sie benötigen für 4 Portionen:
400 g Rosenkohl
Salz
500 g Rinderfilet (aus der Mitte geschnitten)
einige Petersilienzweige
7 Cocktailtomaten (Kirschtomaten) oder 2 Tomaten
2 EL Butterschmalz
schwarzen Pfeffer aus der Mühle
3 EL Cognac
⅛ l Rinderfond
1 EL Speisestärke
1 EL Butter
1 Msp. geriebene Muskatnuß

So wird's gemacht:

1. Den Rosenkohl putzen und waschen. Ihn dann in wenig Salzwasser in etwa ¼ Stunde bei mittlerer Hitze bißfest dünsten. Dann in einem Sieb abtropfen lassen.
2. Inzwischen vom Filet alle Häute entfernen. Die Petersilie und die Tomaten waschen und trockentupfen.
3. Das Butterschmalz in einer Pfanne erhitzen und das gewaschene, trockengetupfte Filet darin von allen Seiten scharf anbraten. Es dann bei geringer Hitze von jeder Seite etwa 5 Minuten weiterbraten.
4. Das Fleisch aus der Pfanne nehmen, mit Salz und Pfeffer würzen, in Alufolie einwickeln und warm stellen.
5. Den Bratensatz in der Pfanne mit dem Cognac ablöschen, den Rinderfond hineinrühren und die Sauce aufkochen lassen. Die Speisestärke mit etwas kaltem Wasser anrühren und die Sauce damit binden. Mit Salz und Pfeffer pikant abschmecken.
6. Die Butter in einem Topf schmelzen lassen und den Rosenkohl darin kurz schwenken. Mit etwas Muskat bestreuen.
7. Das Filet auswickeln, in Scheiben schneiden, auf einer vorgewärmten Platte anrichten und mit der Petersilie und den Tomaten garnieren. Die Sauce und den Rosenkohl getrennt dazu servieren.

Beilage:
Butterkartoffeln

Gerichte mit Schweinefleisch

Wenn es um Fleischgerichte geht, steht Schweinefleisch in der Gunst der Deutschen nach wie vor ganz oben. In diesem Kapitel finden Sie zum einen Klassiker, wie Schweinshaxe, Kasseler und Szegediner Gulasch, zum anderen aber auch viele neue Rezeptideen, die Sie unbedingt einmal ausprobieren sollten.

Zitronensteak

Marinierzeit: ca. 1 Stunde
Zubereitungszeit: ca. 35 Minuten

Sie benötigen für 4 Portionen:

4 Schweinerückensteaks à ca. 150 g
3 Zitronen
1 Knoblauchzehe
2 EL Waldhonig
2 EL Weinbrand
3 EL gehackte Petersilie
Salz, schwarzen Pfeffer
2 EL Butterschmalz
1 EL Zucker
1 EL eingelegte grüne Pfefferkörner

So wird's gemacht:
1. Die gewaschenen, trockengetupften Steaks flachklopfen und nebeneinander in eine große, flache Schüssel legen.
2. Die Schale der Zitronen mitsamt der weißen Fruchthaut abschälen. Die Zitronen in dünne Scheiben schneiden und auf die Steaks legen.
3. Den Knoblauch schälen und zerdrücken. Den Honig mit Weinbrand, Knoblauch und Petersilie gut verrühren und die Marinade mit Salz und Pfeffer pikant abschmecken. Die Marinade über die Steaks gießen und diese zugedeckt 1 Stunde ziehen lassen.
4. Die Steaks aus der Marinade nehmen (diese aufheben) und trockentupfen. Das Butterschmalz in einer Pfanne erhitzen und die Steaks darin bei mittlerer Hitze von jeder Seite etwa 5 Minuten braten. Sie dann mit Salz bestreuen und warm stellen.
5. Marinade, Zucker und Pfefferkörner zusammen mit den Zitronenscheiben in den Bratensatz geben und aufkochen lassen. Die Sauce mit Salz und Pfeffer recht kräftig abschmecken.
6. Die Steaks zusammen mit der Zitronensauce servieren.
Beilagen:
körniger Reis und Möhrengemüse

Rosmarinkotelett auf Gemüse

Marinierzeit: ½ Stunde
Zubereitungszeit: ca. ½ Stunde

Sie benötigen für 4 Portionen:
1 TL getrockneten Rosmarin
4 EL Olivenöl
4 Schweinekoteletts à ca. 180 g
300 g Frühlingszwiebeln
500 g Möhren
60 g Butterkäse
Salz
schwarzen Pfeffer aus der Mühle
¼ TL Paprikapulver edelsüß

So wird's gemacht:
1. Die Rosmarinnadeln zwischen den Fingern zerreiben und mit 2 Eßlöffeln Öl mischen. Die gewaschenen, trockengetupften Koteletts mit diesem Kräuteröl bestreichen und zugedeckt etwa ½ Stunde marinieren lassen.
2. Inzwischen die Frühlingszwiebeln putzen und waschen. Die Möhren putzen, schälen und in Scheiben schneiden. Die Frühlingszwiebeln entweder ganz lassen oder ebenfalls in Scheiben schneiden. Den Käse kleinwürfeln.
3. Dann 2 Eßlöffel Öl in einem Topf erhitzen und Frühlingszwiebeln sowie Möhren darin andünsten. Sie mit Salz und Pfeffer bestreuen, ½ l Wasser dazugießen und das Gemüse zugedeckt in etwa 10 Minuten bißfest garen. Kurz vor Ende der Garzeit den Käse darunterrühren und schmelzen lassen.
4. Inzwischen die Rosmarinnadeln von den Koteletts abstreifen. Das Fleisch in einer Pfanne von beiden Seiten jeweils etwa 10 Minuten braten. Mit Salz und Paprikapulver würzen.
5. Das Gemüse mit Salz und Pfeffer abschmecken und zusammen mit den Koteletts anrichten.
Beilage:
Bratkartoffeln

Schweinekotelett in würziger Rotweinsauce

Marinierzeit: 1 Tag
Zubereitungszeit: ca. ¾ Stunden

Sie benötigen für 4 Portionen:
1 Bund Suppengrün
1 Knoblauchzehe
350 ml trockenen Rotwein
1 EL Olivenöl
1 Msp. geriebene Muskatnuß
4 Schweinekoteletts à ca. 180 g
1 EL Schweineschmalz
1 EL Estragonessig
1 EL scharfen Senf
1 EL Johannisbeergelee
1 TL Speisestärke
Salz
schwarzen Pfeffer aus der Mühle
1 EL Butter

So wird's gemacht:
1. Das Suppengrün putzen, waschen, gegebenenfalls schälen und fein hacken. Die Knoblauchzehe schälen und zerdrücken. Wein, Öl, Knoblauch, Suppengrün und Muskat zu einer Marinade verrühren.
2. Die gewaschenen, trockengetupften Koteletts nebeneinander in eine flache Schüssel legen und mit der Marinade übergießen. Alles zugedeckt etwa 1 Tag im Kühlschrank marinieren und das Fleisch dabei mehrmals wenden.
3. Dann die Koteletts aus der Marinade nehmen (diese aufheben) und trockentupfen. Das Schmalz in einer Pfanne erhitzen und die Koteletts darin bei geringer Hitze von jeder Seite etwa 10 Minuten braten. Die Koteletts herausnehmen und auf einer vorgewärmten Platte warm stellen.
4. Die Marinade in die Pfanne gießen, erhitzen und etwa zur Hälfte einkochen lassen. Essig, Senf und Johannisbeergelee hineinrühren und die Sauce bei geringer Hitze etwa 5 Minuten köcheln lassen.
5. Die Sauce durch ein feines Sieb in einen Topf gießen und aufkochen lassen. Die Speisestärke mit etwas kaltem Wasser anrühren und die Sauce damit binden. Mit Salz und Pfeffer abschmecken. Die Butter hineinrühren.
6. Die Koteletts zusammen mit der Sauce servieren.
Beilagen:
Spätzle und Bohnengemüse

Knuspriger Schweinebauch

Zubereitungszeit: ca. ¾ Stunden

Sie benötigen für 4 Portionen:
4 Scheiben mageren Schweinebauch à ca. 200 g
Salz
schwarzen Pfeffer aus der Mühle
4 säuerliche Äpfel (z.B. Boskoop)
4 mittelgroße Zwiebeln
1 EL Butterschmalz

So wird's gemacht:
1. Das gewaschene und trockengetupfte Fleisch mit Salz und Pfeffer einreiben. Die Äpfel schälen, die Kerngehäuse ausstechen und die Äpfel in Scheiben schneiden. Die Zwiebeln schälen und in Ringe schneiden.
2. Das Butterschmalz in einer Pfanne erhitzen und die Fleischscheiben darin von beiden Seiten jeweils 3 bis 4 Minuten braten. Sie dann herausnehmen und warm stellen.
3. Die Apfelscheiben im Bratfett andünsten. Die Zwiebeln dazugeben und bräunen.
4. Das Fleisch mit Äpfeln und Zwiebeln belegt servieren.
Beilage:
Kartoffelpüree

Berliner Buletten

Zubereitungszeit: ca. ½ Stunde

Sie benötigen für 4 Portionen:
2 Brötchen vom Vortag
500 g gemischtes Hackfleisch
1 große Zwiebel
1 Ei
Salz, schwarzen Pfeffer
2 EL Schweineschmalz

So wird's gemacht:
1. Die Brötchen etwa 10 Minuten in kaltem Wasser quellen lassen. Sie dann ausdrücken und mit dem Hackfleisch verkneten.
2. Die Zwiebel schälen und fein würfeln. Das Ei zusammen mit den Zwiebelwürfeln unter den Fleischteig kneten. Diesen mit Salz und Pfeffer abschmecken.
3. Aus dem Teig mit feuchten Händen 8 flache Frikadellen formen. Das Schmalz in einer Pfanne erhitzen und die Frikadellen darin bei mittlerer Hitze von jeder Seite in etwa 6 Minuten knusprig braten.
Beilagen:
Brötchen, Senf und Blattsalat

Walnußfrikadellen

Zubereitungszeit: ca. ½ Stunde

Sie benötigen für 4 Portionen:
100 g gehackte Walnußkerne
500 g gemischtes Hackfleisch
2 EL Tomatenketchup
2 Eier
Salz
schwarzen Pfeffer aus der Mühle
16 Walnußhälften
2 EL Butterschmalz

So wird's gemacht:
1. Die gehackten Nüsse mit dem Hackfleisch, dem Ketchup und den Eiern zu einem Teig verkneten. Diesen mit Salz und Pfeffer pikant abschmecken.
2. Aus dem Fleischteig 12 kleine Frikadellen formen und in jede 1 Walnußhälfte hineindrücken.
3. Das Butterschmalz in einer Pfanne erhitzen und die Frikadellen darin von jeder Seite in etwa 5 Minuten knusprig braten.
Beilage:
Kartoffelsalat oder Roggenbrötchen

Überbackenes Schweinefilet auf Tomaten

Zubereitungszeit: ca. ¾ Stunden

Sie benötigen für 4 Portionen:
1 Schweinefilet à ca. 600 g
750 g Tomaten
4 EL Olivenöl
1 EL gehacktes Basilikum
2 Knoblauchzehen
300 g Mozzarella
Salz
schwarzen Pfeffer aus der Mühle
½ TL Kräuter der Provence
Basilikumblätter zum Garnieren

So wird's gemacht:
1. Das gewaschene und trockengetupfte Filet schräg zur Faser in 8 gleich dicke Scheiben schneiden. Dann den Backofen auf 200 °C vorheizen.
2. Die Tomaten über Kreuz einschneiden, kurz überbrühen, abschrecken, enthäuten und in Scheiben schneiden.
3. Dann 2 Eßlöffel Öl mit dem Basilikum und den zerdrückten Knoblauchzehen gut verrühren. Die Mozzarella in Scheiben schneiden.
4. Die restlichen 2 Eßlöffel Öl in einer Pfanne erhitzen und die Filets darin auf jeder Seite etwa 2 Minuten kräftig anbraten. Sie dann herausnehmen und mit Salz und Pfeffer bestreuen.
5. Die Tomatenscheiben in eine große feuerfeste Form legen und die Hälfte der Ölmischung darauf verteilen. Die Filets dachziegelartig auf die Tomaten legen und die Mozzarellascheiben darauf geben. Die restliche Ölmischung auf den Käse streichen und alles mit Kräutern der Provence, Salz und Pfeffer bestreuen.
6. Alles im Ofen etwa ¼ Stunde überbacken. Dann mit Basilikum garniert servieren.
Beilage:
Kräuterreis

Biergulasch

Zubereitungszeit: ca. 1 Stunde

Sie benötigen für 4 Portionen:
750 g Schweinefleisch
aus der Schulter
300 g sehr kleine Zwiebeln
je 1 Zweig Oregano, Rosmarin
und Petersilie
4 EL Schweineschmalz
Salz
weißen Pfeffer aus der Mühle
½ TL Kümmelpulver
½ l helles Bier (Pils)
150 g Champignons
4 EL geriebenes Schwarzbrot

So wird's gemacht:
1. Das gewaschene, trockengetupfte Fleisch in mundgerechte Würfel schneiden. Die Zwiebeln schälen. Die Kräuterzweige waschen und trockentupfen.
2. Das Schmalz in einem Bratentopf erhitzen und das Fleisch darin anbraten. Die Zwiebeln dazugeben und andünsten. Alles mit Salz und Kümmel bestreuen, die Kräuterzweige und die Hälfte des Biers dazugeben.
3. Das Gulasch zugedeckt etwa 40 Minuten bei geringer Hitze schmoren lassen. Wenn nötig, etwas Wasser angießen.
4. Inzwischen die Champignons putzen und waschen. Größere Pilze halbieren. Die Champignons etwa 10 Minuten vor Ende der Garzeit zusammen mit dem Schwarzbrot und dem restlichen Bier zum Fleisch geben.
5. Wenn das Gulasch gar ist, die Kräuterzweige herausnehmen und das Gulasch mit Salz und Pfeffer abschmecken.
Beilage:
Semmelknödel
(auf dem Foto: oben)

Szegediner Gulasch

Zubereitungszeit: ca. 1½ Stunden

Sie benötigen für 4 Portionen:
600 g Schweinenacken
ohne Knochen
750 g Sauerkraut
2 große säuerliche Äpfel
(z.B. Boskoop)
1 Zwiebel
Salz
1 Msp. Rosenpaprikapulver
1 Msp. Zucker
weißen Pfeffer aus der Mühle
3 EL trockenen Weißwein

So wird's gemacht:
1. Das gewaschene, trockengetupfte Fleisch in mundgerechte Würfel schneiden. Das Sauerkraut mit zwei Gabeln locker zerpflücken. Die Äpfel schälen, vierteln, entkernen und in Spalten schneiden. Die Zwiebel schälen und in Scheiben schneiden.
2. Fleisch, Sauerkraut, Äpfel und Zwiebel übereinander in einen Schmortopf schichten. Etwas Salz, Paprikapulver und Zucker darüberstreuen und ¼ l Wasser angießen.
3. Das Gulasch zum Kochen bringen und bei geringer Hitze etwa 1 Stunde zugedeckt schmoren lassen.
4. Das Gulasch vor dem Servieren umrühren und nochmals mit Salz, Pfeffer, Zucker und dem Weißwein abschmecken.
Beilage:
Salzkartoffeln
(auf dem Foto: unten)

Balkantopf

Zubereitungszeit: ca. 1½ Stunden

Sie benötigen für 4 Portionen:
1 kg Schweinefleisch
aus der Schulter
500 g Zwiebeln
1 mittelgroße Aubergine (ca. 500 g)
500 g grüne Paprikaschoten
500 g Tomaten
3 EL Butterschmalz
2 EL Rosenpaprikapulver
Salz
schwarzen Pfeffer aus der Mühle
1 Msp. Zucker
1 Knoblauchzehe

So wird's gemacht:
1. Das gewaschene, trockengetupfte Fleisch in mundgerechte Würfel schneiden. Die Zwiebeln schälen und fein würfeln. Die Aubergine waschen, putzen und in Scheiben schneiden.
2. Die Paprikaschoten waschen, vierteln, putzen und in Streifen schneiden. Die Tomaten über Kreuz einritzen, kurz überbrühen, mit kaltem Wasser abschrecken, enthäuten und vierteln.
3. Das Butterschmalz in einem großen Bratentopf erhitzen. Das Fleisch darin von allen Seiten etwa 3 Minuten anbraten. Die Zwiebeln dazugeben und goldgelb dünsten. Alles mit dem Paprikapulver würzen. Aubergine, Paprikaschoten und Tomaten dazugeben.
4. Das Gulasch zum Kochen bringen und zugedeckt bei geringer Hitze etwa 1 Stunde schmoren lassen. Wenn nötig, etwas Wasser dazugeben.
5. Das Gulasch vor dem Servieren mit Salz, Pfeffer, Zucker und dem zerdrückten Knoblauch pikant abschmecken.
Beilage:
deftiges Landbrot

Griechisches Zitronenfleisch

Zubereitungszeit: ca. 1½ Stunden

Sie benötigen für 4 Portionen:

800 g Schweinenacken ohne Knochen
1 große Zwiebel
2 EL Olivenöl
1 EL Mehl
⅛ l Fleischbrühe
¼ l trockenen Weißwein
Salz
weißen Pfeffer aus der Mühle
300 g TK-Blattspinat
1 unbehandelte Zitrone
3 Eigelb
1 Msp. geriebene Muskatnuß

So wird's gemacht:
1. Das gewaschene, trockengetupfte Fleisch in mundgerechte Würfel schneiden. Die Zwiebel schälen und ebenfalls würfeln.
2. Das Öl in einem Bratentopf erhitzen und das Fleisch darin von allen Seiten anbraten. Die Zwiebel dazugeben und glasig dünsten. Alles mit dem Mehl bestäuben, dann gut umrühren und das Mehl leicht bräunen lassen.
3. Die Brühe angießen und die Flüssigkeit bei mittlerer Hitze etwas einkochen lassen. Dann den Wein dazugießen und alles mit Salz und Pfeffer würzen. Das Gericht zugedeckt etwa ¾ Stunden schmoren lassen.
4. Inzwischen den Spinat nach Packungsanweisung auftauen lassen. Ihn dann vorsichtig auseinanderzupfen. Den Spinat etwa 5 Minuten vor Ende der Garzeit zum Fleisch geben.
5. Die Zitrone halbieren und aus der einen Hälfte den Saft herauspressen. Die Eigelbe mit dem Zitronensaft gut verquirlen. Das Zitronenfleisch vom Herd nehmen.
6. Etwa 2 Eßlöffel der heißen Schmorsauce mit der Zitronensaft-Eigelb-Mischung verrühren. Diese dann unter Rühren in das Ragout geben und es so binden. Alles mit Salz, Pfeffer und Muskat pikant abschmecken.
7. Die restliche Zitronenhälfte in dünne Scheiben schneiden und diese halbieren. Das Ragout in einer Schüssel anrichten und mit den Zitronenscheiben garnieren.
Beilage:
Baguette oder frisches Roggenbrot
(auf dem Foto: oben)

Honigfleischtopf

Marinierzeit: ca. 3½ Stunden
Zubereitungszeit: ca. 1 Stunde

Sie benötigen für 4 Portionen:

250 g entsteinte Backpflaumen
4 Kohlrabiknollen
3 Ananasscheiben aus der Dose, ungesüßt
500 g Schweinefleisch aus der Oberschale
Salz
schwarzen Pfeffer aus der Mühle
2 EL flüssiger Waldhonig
3 EL Mehl
3 EL Butterschmalz
250 g geschälte Erbsen
100 g Sahne

So wird's gemacht:
1. Die Backpflaumen etwa 3 Stunden in einer Schüssel in kaltem Wasser quellen lassen.
2. In der Zwischenzeit die Kohlrabi putzen, schälen, vierteln und in Scheiben schneiden. Die Ananasscheiben würfeln.
3. Das gewaschene, trockengetupfte Fleisch in mundgerechte Würfel schneiden und mit Salz sowie Pfeffer würzen. Den Honig in eine flache Schale geben, die Fleischwürfel darin wenden und ungefähr ½ Stunde durchziehen lassen.
4. Dann das Fleisch mit dem Mehl bestäuben. Das Butterschmalz in einem Bratentopf erhitzen und das Fleisch darin unter Rühren anbraten. Die Kohlrabi und ⅛ l heißes Wasser dazugeben und alles zugedeckt etwa ¼ Stunde schmoren lassen.
5. Zwischenzeitlich die Backpflaumen abtropfen lassen und in kleine Stücke schneiden. Sie zusammen mit den Erbsen zum Fleisch geben. Alles zusammen eine weitere ¼ Stunde zugedeckt schmoren lassen.
6. Dann die Ananasstücke und die Sahne darunterrühren, alles mit Salz und Pfeffer abschmecken und noch etwa 5 Minuten köcheln lassen.
Beilage:
körniger Reis
(auf dem Foto: unten)

Gefüllter Schweinebauch

Zubereitungszeit: ca. 2¼ Stunden

Sie benötigen für 6 Portionen:
- 100 g Champignons
- 125 g gekochten Schinken
- 4 EL Semmelbrösel
- 125 g Tatar
- 1 Ei
- ½ TL getrockneten Oregano
- Salz
- schwarzen Pfeffer aus der Mühle
- 2 Knoblauchzehen
- 1 EL Worcestersauce
- 1 TL Orangenmarmelade
- 1 kg mageren Schweinebauch ohne Knochen
- 2 EL Butterschmalz
- ¼ l trockenen Weißwein
- 2 Zwiebeln
- 500 g Kartoffeln
- 150 g Möhren
- 1 TL Speisestärke

So wird's gemacht:
1. Zuerst die Champignons kurz waschen, putzen und zusammen mit dem Schinken durch die feine Scheibe des Fleischwolfs drehen.
2. Die Masse mit den Semmelbröseln, dem Tatar und dem Ei sowie mit Oregano, ½ Teelöffel Salz, ¼ Teelöffel Pfeffer, 1 zerdrückten Knoblauchzehe, der Worcestersauce und der Orangenmarmelade gut verkneten.
3. Den gewaschenen, trockengetupften Schweinebauch mit der Masse bestreichen, zusammenrollen und mit Küchengarn umwickeln.
4. Das Butterschmalz in einem Bräter erhitzen und das Fleisch darin von allen Seiten kräftig anbraten. ⅛ l des Weins und ⅛ l Wasser angießen, alles salzen und bei mittlerer Hitze zugedeckt etwa 1½ Stunden schmoren lassen.
5. Inzwischen die Zwiebeln schälen und vierteln. Die Kartoffeln und die Möhren putzen, schälen und kleinschneiden. Die zweite Knoblauchzehe zerdrücken. Kartoffeln, Möhren, Knoblauch, Zwiebeln und den restlichen Wein nach etwa ¾ Stunden Garzeit zum Fleisch geben. Alles fertig garen.
6. Wenn das Fleisch gar ist, es herausnehmen, die Fäden entfernen und das Fleisch warm stellen.
7. Die Speisestärke mit etwas kaltem Wasser verrühren und die Sauce damit binden. Mit Salz und Pfeffer abschmecken.
8. Den Braten in Scheiben schneiden und auf einer vorgewärmten Platte anrichten. Die Gemüsesauce getrennt dazu reichen.

Beilage:
Petersilienkartoffeln
(auf dem Foto: oben)

Schweineschmorbraten in Sahnesauce

Zubereitungszeit: ca. 2¼ Stunden

Sie benötigen für 4 Portionen:
- 1 Zwiebel
- ½ Bund Suppengrün
- 1 kg fettes Schweinefleisch aus der Schulter
- 2 EL Butterschmalz
- Salz
- schwarzen Pfeffer aus der Mühle
- evtl. 1 Scheibe Toastbrot
- 100 g saure Sahne
- 1 EL Speisestärke

So wird's gemacht:
1. Die Zwiebel schälen und grob würfeln. Das Suppengrün putzen, waschen, gegebenenfalls schälen und kleinschneiden.
2. Das gewaschene, trockengetupfte Fleisch in einem großen Schmortopf in dem erhitzten Butterschmalz von allen Seiten unter Wenden anbraten.
3. Die Zwiebel und das Suppengrün kurz mitbraten. Dann das Fleisch salzen und pfeffern; ⅛ l heißes Wasser dazugießen. Das Fleisch zugedeckt bei geringer Hitze etwa 1½ Stunden schmoren lassen.
4. Das gegarte Fleisch aus dem Bräter nehmen, in Alufolie einwickeln und etwa 10 Minuten ruhen lassen. Eine große Servierplatte im Ofen vorwärmen.
5. Inzwischen den Bratenfond im Bräter nach Bedarf mit etwas Wasser auffüllen und durch ein Sieb in einen Topf gießen. Falls erforderlich die Brühe entfetten. Dafür die Toastbrotscheibe auf die Sauce legen, das Fett so aufsaugen und den Toast wegwerfen.
6. Die Sauce aufkochen lassen. Die saure Sahne mit der Speisestärke verrühren und die Sauce damit binden. Diese mit Salz und Pfeffer abschmecken.
7. Das Fleisch auswickeln, in Scheiben schneiden und auf der vorgewärmten Platte anrichten. Die Sauce dazu servieren.

Beilagen:
Salzkartoffeln und Rosenkohl
(auf dem Foto: unten)

Schweinefleisch mit Meerrettich

Zubereitungszeit: ca. 2¾ Stunden

Sie benötigen für 4 Portionen:

2 Bund Suppengrün
2 Zwiebeln
4 große Möhren
3 Knoblauchzehen
2 EL gehackte Petersilie
5 Pfefferkörner
½ TL Kümmel
2 Lorbeerblätter
½ TL gehackten Thymian
½ TL gehackten Majoran
5 Wacholderbeeren
1 Msp. Koriander
1 Stange Meerrettich
1 kg mageres Schweinefleisch aus der Unterschale ohne Schwarte
Salz
schwarzen Pfeffer aus der Mühle

So wird's gemacht:
1. Das Suppengrün putzen, waschen, gegebenenfalls schälen und grob zerkleinern. Die Zwiebeln schälen und kleinschneiden. Die Möhren putzen, schälen und in dicke Scheiben schneiden.
2. Die Knoblauchzehen schälen und zusammen mit Petersilie, Pfefferkörnern, Kümmel, Lorbeerblättern, Thymian, Majoran, Koriander sowie zerdrückten Wacholderbeeren in ein kleines Mullsäckchen füllen. Dieses fest mit Küchengarn zubinden.
3. Den Meerrettich schälen, etwa ein Drittel davon abschneiden. Den Rest fein reiben.
4. Das gewaschene, trockengetupfte Fleisch in einem großen Topf mit so viel Wasser aufgießen, daß es gut bedeckt ist. Das Wasser aufkochen lassen und den Schaum dabei mehrmals abschöpfen.
5. Das Gemüse, das Gewürzsäckchen und das Meerrettichstück dazugeben. Alles mit Salz und Pfeffer würzen und das Fleisch zugedeckt etwa 2 Stunden bei geringer Hitze köcheln lassen. Aufsteigenden Schaum abschöpfen.
6. Danach das Fleisch herausnehmen, in Scheiben schneiden, auf einer vorgewärmten Platte anrichten und mit den Möhrenstücken aus der Brühe garnieren. Etwas Brühe darübergießen und das Fleisch mit dem geriebenen Meerrettich bestreuen.

Beilage:
Petersilienkartoffeln

Schweineschulter in Biersauce

Zubereitungszeit: ca. 2 Stunden

Sie benötigen für 4 Portionen:
1 Bund Suppengrün
1 Zwiebel
Salz
1 Lorbeerblatt
4 Pfefferkörner
1 TL Korianderkörner
800 g Schweinefleisch aus der Schulter
¼ l dunkles Bier
1 EL Speisestärke
schwarzen Pfeffer aus der Mühle
Majoranzweige zum Garnieren

So wird's gemacht:

1. Das Suppengrün putzen, waschen, gegebenenfalls schälen und kleinschneiden. Die Zwiebel schälen und fein würfeln. ½ l Salzwasser zusammen mit dem Lorbeerblatt und den zerdrückten Pfeffer- und Korianderkörnern zum Kochen bringen.
2. Das gewaschene, trockengetupfte Fleisch zusammen mit Suppengrün und Zwiebelwürfeln in das Wasser geben und bei geringer Hitze etwa 1 ½ Stunden zugedeckt köcheln lassen. Aufsteigenden Schaum abschöpfen.
3. Nach etwa 1 Stunde Garzeit das Bier zum Fleisch geben.
4. Das fertig gegarte Fleisch aus dem Topf nehmen und zugedeckt warm stellen.
5. Die Brühe durch ein Sieb in einen Topf gießen und erneut zum Kochen bringen. Die Speisestärke mit etwas kaltem Wasser anrühren und die Sauce damit binden. Mit Salz und Pfeffer abschmecken.
6. Das Fleisch in Scheiben schneiden und zusammen mit der Sauce servieren. Mit Majoran garnieren.

Beilagen:
Salzkartoffeln und Rosenkohl

Marinierter Keulenbraten

Marinierzeit: ca. 12 Stunden
Zubereitungszeit: ca. 3¼ Stunden

Sie benötigen für 4 Portionen:

4 Zwiebeln
3 Knoblauchzehen
1 kg Schweinefleisch aus der Unterschale ohne Schwarte
2 kleine Lorbeerblätter
10 weiße Pfefferkörner
1 TL Korianderkörner
1 TL getrockneten Majoran
1 Msp. Zucker
375 ml helles Bier (Pils)
3 EL Butterschmalz
4 säuerliche Äpfel (z.B. Boskoop)
300 g Staudensellerie
Salz
schwarzen Pfeffer aus der Mühle
3 Majoranzweige

So wird's gemacht:

1. Zunächst 2 der Zwiebeln sowie die Knoblauchzehen schälen. Die Zwiebeln in Scheiben schneiden; die Knoblauchzehen vierteln. In das gewaschene, trockengetupfte Fleisch rundherum mit einem spitzen Messer kleine Schlitze schneiden und die Knoblauchstifte hineinstecken.
2. Das Fleisch zusammen mit Zwiebelscheiben, Lorbeerblättern, Pfefferkörnern, Korianderkörnern, getrocknetem Majoran und Zucker in eine Schüssel geben. Das Bier darübergießen und das Fleisch zugedeckt etwa 12 Stunden im Kühlschrank marinieren. Es dabei ab und zu wenden.
3. Nach der Marinierzeit den Backofen auf 180 °C vorheizen. Das Fleisch aus der Marinade nehmen und trockentupfen. Die Marinade aufheben. Die restlichen 2 Zwiebeln schälen und vierteln.
4. Das Butterschmalz in einem Bräter auf dem Herd erhitzen und das Fleisch darin von allen Seiten kräftig anbraten. Die Zwiebeln dazugeben und kurz mitdünsten. Die Marinade durch ein Sieb dazugießen und den Braten zugedeckt im Ofen auf der zweiten Schiene von unten etwa 2½ Stunden schmoren lassen.
5. Während das Fleisch schmort, die Äpfel schälen, vierteln und entkernen. Den Sellerie waschen, eventuell die Fäden abziehen und putzen. Beides in mundgerechte Stücke schneiden und etwa 20 Minuten vor Ende der Garzeit in den Bräter geben.
6. Den fertigen Braten im abgeschalteten Ofen etwa 10 Minuten ruhen lassen. Eine Servierplatte im Ofen vorwärmen.
7. Inzwischen die Sauce mit Salz und Pfeffer abschmecken. Den Majoran waschen und trockentupfen. Die Blättchen fein hacken und darüberstreuen.
8. Das Fleisch in Scheiben schneiden und auf der Platte anrichten. Die Sauce dazu servieren.

Beilage:
Bratkartoffeln
(auf dem Foto: oben)

Gekräuterte Schweinekeule

Marinierzeit: ca. ½ Stunde
Zubereitungszeit: ca. 2¾ Stunden

Sie benötigen für 4–6 Portionen:

1 große Zwiebel
1 Bund Petersilie
½ TL gemahlenen Kümmel
1 TL schwarzen Pfeffer, 2 TL Salz
2 EL weiche Butter
1 kg Schweinefleisch aus der Unterschale ohne Schwarte
1 EL Mehl
1 Bund Suppengrün
450 ml Fleischbrühe
6 kleine Zwiebeln

So wird's gemacht:

1. Die große Zwiebel schälen. Die Petersilie waschen und trockentupfen. Beides sehr fein hacken und zusammen mit Kümmel, Pfeffer, Salz und Butter gut verkneten.
2. Das gewaschene und trockengetupfte Fleisch mit dem Mehl bestäuben, mit der Würzpaste gut einreiben und etwa ½ Stunde durchziehen lassen. Inzwischen den Backofen auf 200 °C vorheizen. Das Suppengrün putzen, waschen, gegebenenfalls schälen und kleinschneiden.
3. Das Fleisch zusammen mit dem Suppengrün und der Hälfte der Brühe in einen großen Bräter geben. Im Ofen auf der zweiten Schiene von unten offen 1½ bis 2 Stunden braten. Das Fleisch ab und zu mit dem Bratensaft begießen und mehrmals wenden. Die restliche Brühe nach und nach dazugießen.
4. Während das Fleisch gart, die kleinen Zwiebeln schälen. Sie etwa 10 Minuten vor Ende der Garzeit zum Fleisch geben.
5. Das gegarte Fleisch zusammen mit den kleinen Zwiebeln auf einer vorgewärmten Platte anrichten und im abgeschalteten Backofen etwa 10 Minuten ruhen lassen.
6. Den Bratensatz durch ein Sieb in einen Topf streichen, aufkochen lassen, mit Salz und Pfeffer gut abschmecken.
7. Das Fleisch in Scheiben schneiden und zusammen mit Zwiebeln und Sauce servieren.

Beilagen:
Salzkartoffeln und Bohnengemüse
(auf dem Foto: unten)

65

Schweinerollbraten mit Hackfleisch

Zubereitungszeit: ca. 2¾ Stunden

Sie benötigen für 4 Portionen:

800 g Schweinefleisch aus der Unterschale oder Schweinebauch (vom Metzger für Rollbraten zurechtgeschnitten)
Salz
weißen Pfeffer aus der Mühle
1 Zwiebel
2 Knoblauchzehen
200 g gemischtes Hackfleisch
1 Ei
1 TL mittelscharfen Senf
2 EL gehackte Petersilie
1 Msp. Cayennepfeffer
1 Bund Suppengrün
1 Tomate
2 EL Butterschmalz
1 Prise Zucker
400 ml heiße Fleischbrühe
1 EL Tomatenmark
⅛ l kräftigen, trockenen Rotwein
4 EL Sahne
Paprikapulver edelsüß

So wird's gemacht:

1. Das gewaschene und trockengetupfte Fleisch flach ausbreiten und mit Salz bestreuen. Die Zwiebel und die Knoblauchzehen schälen und beides fein würfeln. Den Backofen auf 200 °C vorheizen.

2. Das Hackfleisch mit Ei, Senf, Petersilie, Zwiebel, Knoblauch und Cayennepfeffer (vorsichtig dosieren) gut verkneten. Das Fleisch gleichmäßig mit der Hackmasse bestreichen, von einer breiten Seite her zusammenrollen und mit Küchengarn umwickeln.

3. Das Suppengrün und die Tomate waschen, putzen, gegebenenfalls schälen und grob zerkleinern. Das Butterschmalz in einem Bräter auf dem Herd erhitzen und den Rollbraten darin bei starker Hitze kräftig anbraten. Suppengrün und Tomate dazugeben, alles mit etwas Salz und Zucker würzen und die Hälfte der heißen Brühe angießen.

4. Den Braten im Backofen auf der zweiten Schiene von unten 70 bis 90 Minuten offen braten. Ihn zwischendurch mehrmals wenden; nach und nach die restliche Brühe und, wenn nötig, etwas Wasser angießen.

5. Den gegarten Braten herausnehmen, in Alufolie einwickeln und im abgeschalteten Backofen etwa 10 Minuten ruhen lassen. Eine Servierplatte im Ofen vorwärmen.

6. Inzwischen den Bratensatz durch ein Sieb in einen Topf streichen. Tomatenmark, Wein und Sahne hineinrühren und die Sauce 2 bis 3 Minuten kochen lassen. Dann mit Salz, Pfeffer und Paprikapulver abschmecken.

7. Den Braten aus der Folie nehmen, die Fäden entfernen, das Fleisch in Scheiben schneiden und auf der vorgewärmten Platte anrichten. Die Sauce dazu reichen.

Beilagen:
gebackene Kartoffeln und Bohnengemüse

Würzige Schweinshaxe

Zubereitungszeit: ca. 3½ Stunden

Sie benötigen für 4 Portionen:
4 kleine Schweinshaxen mit Knochen und Schwarte à ca. 500 g
Salz
schwarzen Pfeffer aus der Mühle
3 mittelgroße Zwiebeln

So wird's gemacht:
1. Den Backofen auf 180 °C vorheizen. Die Haxen mit kaltem Wasser abspülen, trockentupfen und mit Salz sowie Pfeffer einreiben. Sie in die mit Wasser angefeuchtete Fettpfanne des Backofens legen.
2. Die Haxen auf der zweiten Schiene von unten im Backofen etwa 3 Stunden garen. Sobald der Bratensatz bräunt, etwas heißes Wasser hinzugießen. Das Fleisch während des Bratens ab und zu mit dem Bratensatz begießen und verdampfte Flüssigkeit durch heißes Wasser ersetzen.
3. Während die Haxen braten, die Zwiebeln schälen und vierteln. Sie etwa ½ Stunde vor Ende der Garzeit in die Fettpfanne legen und mitbraten lassen.
4. Etwa 10 Minuten vor Ende der Garzeit die Haxen auf der mittleren Schiene auf den Rost legen, mehrfach mit etwas Salzwasser einpinseln und gut bräunen lassen.
5. Die Haxen auf einer vorgewärmten Platte anrichten. Den Bratensatz in der Fettpfanne mit ⅛ l Wasser loskochen und durch ein Sieb gießen. Die Zwiebeln im Sieb beiseite legen. Die Sauce etwas einkochen lassen, mit Salz und Pfeffer abschmecken und zum Fleisch reichen.
6. Die Haxen zusammen mit Zwiebeln und Sauce servieren.

Beilagen:
Kartoffelpüree und Sauerkraut

Schweinebraten mit Rotweinsauce

Marinierzeit: 2 Tage
Zubereitungszeit: ca. 2½ Stunden

Sie benötigen für 4 Portionen:

Für die Marinade:

100 g weiße Zwiebeln
100 g Schalotten
1 große Möhre
15 Wacholderbeeren
10 weiße Pfefferkörner
10 Pimentkörner
2 Lorbeerblätter
1 Flasche trockenen Rotwein (0,7 l)

Für den Braten:

1 kg Schweinefleisch aus der Unterschale mit Schwarte, aber ohne Knochen
Salz
schwarzen Pfeffer aus der Mühle
1 TL Butterschmalz für den Rost
⅛ l trockenen Rotwein
100 g saure Sahne

So wird's gemacht:

1. Für die Marinade die Zwiebeln und die Schalotten schälen und grob würfeln. Die Möhre putzen, schälen und in Scheiben schneiden. Wacholderbeeren, Pfeffer- und Pimentkörner in einem Mörser grob zerstoßen. Die Zutaten mit den restlichen Marinadenzutaten gut mischen.
2. Das Fleisch waschen und trockentupfen. Die Schwarte rautenförmig einschneiden. Das Fleisch in der Marinade zugedeckt 2 Tage an einem kühlen Ort ziehen lassen. Es dabei zweimal täglich in der Marinade wenden.
3. Danach den Backofen auf 200 °C vorheizen. Das Fleisch aus der Marinade nehmen, trockentupfen, mit Salz und Pfeffer einreiben. Etwa ¼ l Wasser in die Fettpfanne des Ofens gießen und sie auf der untersten Schiene in den Ofen schieben.
4. Das Fleisch mit der Schwartenseite nach oben auf den gefetteten Rost legen und auf der zweiten Schiene von unten im Ofen 1½ bis 2 Stunden braten. Es dabei mehrmals mit dem Bratensaft begießen.
5. Das Fleisch die letzte ½ Stunde der Garzeit mehrmals mit leicht salzigem Wasser bestreichen, damit die Schwarte knusprig wird.
6. Wenn das Fleisch gar ist, es im abgeschalteten Backofen etwa 10 Minuten ruhen lassen. Eine Servierplatte im Ofen vorwärmen. Inzwischen den Bratensatz in der Fettpfanne mit dem Rotwein unter Rühren loskochen und durch ein Sieb in einen Topf gießen. Die saure Sahne in die nicht mehr kochende Sauce einrühren, diese mit Salz und Pfeffer abschmecken.
7. Das Fleisch in Scheiben schneiden und auf der vorgewärmten Platte anrichten. Die Sauce dazu servieren.

Beilagen:
Petersilienkartoffeln und Bohnengemüse
(auf dem Foto: oben)

Schweinenacken mit Maronen

Zubereitungszeit: ca. 2 Stunden

Sie benötigen für 4 Portionen:

2 Zwiebeln
1 Tomate
3 EL Butterschmalz
750 g Schweinenacken ohne Knochen
Salz
schwarzen Pfeffer aus der Mühle
375 g Maronen (Eßkastanien)
einige Petersilienzweige
2 EL Speisestärke

So wird's gemacht:

1. Die Zwiebeln schälen und achteln. Die Tomaten über Kreuz einritzen, kurz überbrühen, abschrecken, enthäuten und vierteln.
2. Das Butterschmalz in einem großen Bräter erhitzen und das gewaschene, trockengetupfte Fleisch darin von allen Seiten kräftig anbraten. Mit Salz und Pfeffer bestreuen.
3. Zwiebelachtel und Tomatenstücke zum Fleisch geben und es zugedeckt bei milder Hitze etwa 1½ Stunden schmoren lassen. Nach 10 Minuten Garzeit ½ l Wasser angießen.
4. Inzwischen den Backofen auf 220 °C vorheizen. Die Schalen der Maronen jeweils am spitzen Ende über Kreuz einschneiden. Die Maronen so lange auf einem Backblech in den Ofen legen, bis die Schalen aufspringen. Sie dann schälen und etwa ¼ Stunde vor Ende der Garzeit des Fleisches dazugeben.
5. Nach dem Schmoren die Petersilie waschen und trockentupfen. Fleisch und Maronen aus der Sauce nehmen und zugedeckt warm stellen. Die Sauce durch ein Sieb in einen Topf gießen.
6. Die Sauce aufkochen lassen. Die Speisestärke mit etwas kaltem Wasser anrühren, die Sauce damit binden und mit Salz sowie Pfeffer abschmecken.
7. Das Fleisch in Scheiben schneiden, zusammen mit den Maronen auf einer vorgewärmten Platte anrichten und mit der Petersilie garnieren. Die Sauce getrennt dazu reichen.

Beilage:
gedünsteter Blumenkohl
(auf dem Foto: unten)

Schweinenacken mit Birnen und Kartoffeln

Zubereitungszeit: ca. 1¾ Stunden

Sie benötigen für 4 Portionen:

2 mittelgroße Birnen (z.B. Williams Christ)
500 g Kartoffeln
1 kg mageren Schweinenacken ohne Knochen
Salz
schwarzen Pfeffer aus der Mühle
1 TL gemahlenen Kümmel
3 EL Butterschmalz
½ l heißen Kalbsfond oder heiße Fleischbrühe

So wird's gemacht:

1. Den Backofen auf 200 °C vorheizen. Die Birnen schälen, halbieren und die Kerngehäuse entfernen. Die Kartoffeln schälen und in dicke Scheiben schneiden.

2. Das gewaschene und trockengetupfte Fleisch mit Salz, Pfeffer und Kümmel einreiben. Das Butterschmalz in einem großen Bräter auf dem Herd erhitzen und das Fleisch darin von allen Seiten kräftig anbraten.

3. Birnen und Kartoffeln um das Fleisch herumlegen und den heißen Fond oder die heiße Brühe angießen. Das Fleisch im Ofen auf der zweiten Schiene von unten offen etwa 1¼ Stunden braten. Es dabei mehrmals wenden und mit der Brühe begießen.

4. Danach das Fleisch aus dem Bräter nehmen, in Scheiben schneiden und auf einer Platte anrichten. Birnen und Kartoffeln mit Salz und Pfeffer abschmecken und zum Fleisch reichen.
(auf dem Foto: links)

Glasiertes Karree

Zubereitungszeit: ca. 2¾ Stunden

Sie benötigen für 4 Portionen:
500 g säuerliche Äpfel (z.B. Boskoop)
75 g Zucker
½ TL gemahlenen Zimt
1 EL Zitronensaft
1,5 kg Schweinekarree ohne Knochen
Salz
schwarzen Pfeffer aus der Mühle
10 Gewürznelken
100 ml Fleischbrühe

So wird's gemacht:
1. Den Backofen auf 180 °C vorheizen. Die Äpfel schälen, vierteln, entkernen und in kleine Stücke schneiden. Sie zusammen mit Zucker, Zimt, Zitronensaft und ⅛ l Wasser bei geringer Hitze in etwa 10 Minuten weichkochen. Dann die Äpfel durch ein Sieb streichen.
2. Das gewaschene, trockengetupfte Fleisch mit Salz und Pfeffer einreiben, mit den Nelken spicken, in einen Bräter legen und die Brühe angießen. Das Fleisch im Backofen auf der zweiten Schiene von unten zugedeckt ungefähr 1½ Stunden garen.
3. Danach das Fleischstück auf der Oberseite mit dem Apfelmus bestreichen und eine weitere ½ Stunde offen im Ofen braten. Es dabei nicht wenden.
4. Nach Ende der Garzeit das Fleisch etwa 10 Minuten im abgeschalteten Backofen ruhen lassen. Es danach in dicke Scheiben schneiden.

Beilage:
Champagnerkraut oder Sauerkraut
(auf dem Foto: rechts)

Tip
Falls das Apfelmus nicht auf dem Fleischstück haftet, dieses auf der Oberseite mit ein wenig Mehl bestäuben.

Gefüllter Schweinebraten

Zubereitungszeit: ca. 3¼ Stunden

Sie benötigen für 4 Portionen:
10 g getrocknete Steinpilze
4 EL kräftigen, trockenen Rotwein
1 kg Schweinefleisch aus der Schulter mit Schwarte, aber ohne Knochen
2 Zwiebeln
1 Bund Petersilie
250 g gemischtes Hackfleisch
Salz
schwarzen Pfeffer aus der Mühle
¼ l heiße Fleischbrühe
1 Bund Suppengrün
100 g Sahne

So wird's gemacht:

1. Die Steinpilze etwa ½ Stunde in dem Rotwein quellen lassen. Inzwischen in das gewaschene und trockengetupfte Fleisch eine tiefe Tasche einschneiden und die Schwarte rautenförmig einritzen.
2. Den Backofen auf 200 °C vorheizen. Die Zwiebeln schälen und fein würfeln. Die Petersilie waschen, trockentupfen und hacken. Die Pilze abtropfen lassen und mit Hackfleisch, Petersilie und Zwiebelwürfeln gut verkneten. Die Masse mit Salz und Pfeffer kräftig würzen.
3. Die Hackmasse in die Bratentasche füllen und die Öffnung mit Küchengarn zunähen.
4. Das Fleisch mit der Schwartenseite nach oben in einen großen Bräter legen und die heiße Brühe dazugießen. Das Fleisch im Backofen auf der zweiten Schiene von unten offen etwa 2 Stunden braten. Es dabei mehrmals wenden und mit der Brühe begießen.
5. Während das Fleisch gart, das Suppengrün putzen, waschen, gegebenenfalls schälen und grob zerkleinern. Es etwa ½ Stunde vor Ende der Garzeit zum Fleisch geben. Dann das Fleisch mit der Schwarte nach oben legen und die letzte ½ Stunde der Garzeit öfter mit gut gesalzenem Wasser bestreichen.
6. Das gegarte Fleisch aus dem Bräter nehmen und im abgeschalteten Backofen etwa 10 Minuten ruhen lassen. Eine Servierplatte im Ofen vorwärmen.
7. Den Bratensatz durch ein Sieb in einen Topf streichen, die Sahne hineinrühren und die Sauce etwas einköcheln lassen. Mit Salz und Pfeffer abschmecken.
8. Vom Braten die Fäden entfernen, ihn in Scheiben schneiden und auf der Platte anrichten. Die Sauce getrennt dazu reichen.

Beilagen:
Petersilienkartoffeln und geschmorte Zucchini

Gefüllte Schweinerippe

Quellzeit: ca. 3 Stunden
Zubereitungszeit: ca. 2¾ Stunden

Sie benötigen für 4 Portionen:

150 g entsteinte Backpflaumen
300 g säuerliche Äpfel
(z.B. Boskoop)
2 EL Semmelbrösel
2 EL Zucker
Salz
1 kg Dicke Rippe vom Schwein
schwarzen Pfeffer aus der Mühle
1 TL Butterschmalz für den Rost
375 ml heiße Fleischbrühe
4 EL saure Sahne
1 EL Speisestärke

So wird's gemacht:

1. Die Pflaumen etwa 3 Stunden in kaltem Wasser quellen lassen.
2. Danach die Äpfel schälen, vierteln, entkernen und in Scheiben schneiden. Die Pflaumen abtropfen lassen, in Stücke schneiden und zusammen mit Äpfeln, Semmelbröseln, Zucker und Salz mischen.
3. Den Backofen auf 200 °C vorheizen. In das gewaschene, trockengetupfte Fleisch seitlich eine tiefe Tasche einschneiden und es innen wie außen mit Salz und Pfeffer einreiben. Die Füllmasse in die Tasche drücken und die Öffnung mit Küchengarn zunähen.
4. Etwa 200 ml Wasser in die Fettpfanne gießen und sie auf der untersten Schiene in den Ofen schieben. Das Fleisch auf den gefetteten Rost legen und auf der zweiten Schiene von unten im Ofen etwa 2 Stunden braten. Es dabei mehrmals wenden und begießen.
5. Wenn das Fleisch gar ist, es im abgeschalteten Backofen etwa 10 Minuten ruhen lassen. Eine Servierplatte im Ofen vorwärmen.
6. Inzwischen den Bratensatz in der Fettpfanne mit der heißen Brühe lösen, durch ein Sieb in einen Topf gießen und aufkochen lassen. Die saure Sahne mit der Speisestärke verrühren, die Sauce damit binden und mit Salz, Pfeffer sowie Zucker abschmecken.
7. Vom Fleisch die Fäden entfernen, es in Scheiben schneiden und auf der Servierplatte anrichten. Die Sauce dazu reichen.

Beilage:
Kartoffelklöße

Kasseler Rippenspeer

Zubereitungszeit: ca. 1¼ Stunden

Sie benötigen für 4 Portionen:

1 kg Kasseler-Stielkotelett am Stück mit Knochen
1 Gewürzgurke
2 Tomaten
½ l heiße Fleischbrühe
1 TL Butterschmalz für den Rost
2 Zwiebeln
1 TL Speisestärke
Salz
schwarzen Pfeffer aus der Mühle

So wird's gemacht:

1. Den Backofen auf 200 °C vorheizen. Das Fleischstück waschen und trockentupfen. Das Fleisch im Ganzen von den Knochen lösen; diese in die Fettpfanne legen.

2. Die Gurke und die gewaschenen Tomaten in Scheiben schneiden und beides zu den Knochen legen. Die Hälfte der Brühe in die Fettpfanne gießen und diese auf der untersten Schiene in den Ofen schieben.

3. Das Fleisch auf den gefetteten Rost legen und auf der zweiten Schiene von unten im Ofen etwa 50 Minuten braten. Es dabei mehrmals wenden und begießen.

4. Inzwischen die Zwiebeln schälen und vierteln. Sie nach etwa ½ Stunde Garzeit in die Fettpfanne geben.

5. Nach Ende der Garzeit den Braten etwa 10 Minuten im ausgeschalteten Backofen ruhen lassen. Eine Servierplatte im Ofen warm stellen.

6. Inzwischen die Knochen aus der Fettpfanne nehmen. Den Bratensatz mit der restlichen heißen Brühe unter Rühren loskochen, durch ein Sieb in einen Topf streichen und aufkochen lassen. Die Speisestärke mit etwas kaltem Wasser anrühren und die Sauce damit binden. Sie dann mit Salz und schwarzem Pfeffer pikant abschmecken.

7. Das Fleisch in Scheiben schneiden und auf der Platte anrichten. Die Sauce dazu reichen.

Beilagen:
Petersilienkartoffeln und Sauerkraut

Gerichte mit Lammfleisch

Seit ein paar Jahren hat das Lammfleisch einen festen Platz auf unseren Speisekarten – und das zu Recht, schmeckt es doch unvergleichlich gut. In diesem Kapitel finden Sie eine Vielzahl raffinierter Ideen für Gerichte mit Lammfleisch. Lassen Sie sich überraschen.

Würzige Lammkoteletts

Marinierzeit: ca. 3 Stunden
Zubereitungszeit: ca. ¼ Stunde

Sie benötigen für 4 Portionen:
3 Zwiebeln
1 Knoblauchzehe
2 Bund Dill
⅛ l Weinbrand
Saft von 1 Zitrone
8 einfache Lammkoteletts
2 EL Olivenöl

So wird's gemacht:
1. Die Zwiebeln und die Knoblauchzehe schälen. Den Dill waschen und trockentupfen. Alles fein hacken. Den Weinbrand mit Zitronensaft, Zwiebel- und Knoblauchwürfeln sowie Dill verrühren.
2. Die gewaschenen und trockengetupften Koteletts in der Marinade etwa 3 Stunden ziehen lassen. Sie dabei mehrmals wenden.
3. Nach dem Marinieren den Backofengrill vorheizen. Die Koteletts gut abtropfen lassen und die Fettschicht mehrmals einschneiden, damit sich die Koteletts beim Braten nicht wölben. Das Fleisch mit dem Öl bestreichen.
4. Die Koteletts auf den Ofenrost legen und auf der mittleren Schiene unter dem Grill von jeder Seite etwa 4 Minuten grillen. Falls Sie keinen Grill haben, die Koteletts nicht mit dem Öl bestreichen, sondern in einer Pfanne in dem Öl von jeder Seite etwa 3 Minuten bei mittlerer Hitze braten.
Beilagen:
Wildreis und Bauernsalat
(auf dem Foto: links)

Lammkotelett nach Grinziger Art

Zubereitungszeit: ca. 25 Minuten

Sie benötigen für 4 Portionen:
8 einfache Lammkoteletts
Salz, schwarzen Pfeffer
2 EL Butterschmalz
1 EL Tomatenmark
1/8 l kräftigen, trockenen Weißwein
1/2 TL getrockneten Salbei
oder 5 frische Salbeiblätter,
in Streifen
1 Msp. Zucker

So wird's gemacht:
1. Die Fettschicht der gewaschenen und trockengetupften Koteletts mehrmals leicht einschneiden, damit sich das Fleisch beim Braten nicht wölbt. Die Koteletts mit Salz und Pfeffer einreiben.
2. Das Butterschmalz in einer Pfanne erhitzen und die Koteletts darin von jeder Seite 2 bis 3 Minuten bei mittlerer Hitze braten. Sie sollten innen noch leicht rosa sein.
3. Die Koteletts aus der Pfanne nehmen und warm stellen.
4. Das Tomatenmark in den Bratensatz einrühren, Wein und Salbei dazugeben und die Sauce etwas einkochen lassen. Dann mit Zucker und Salz abschmecken. Die Koteletts auf einer vorgewärmten Platte anrichten und die Sauce getrennt dazu reichen.
Beilagen:
Pommes frites und Tomatensalat
(auf dem Foto: rechts)

Lammkoteletts auf Gemüsebett

Zubereitungszeit: ca. 35 Minuten

Sie benötigen für 4 Portionen:

100 g rote Zwiebeln
2 Knoblauchzehen
1 kleine grüne Paprikaschote
400 g Tomaten
4 doppelte Lammkoteletts (Chops) à ca. 120 g
Salz
schwarzen Pfeffer aus der Mühle
2 EL Butterschmalz
1 EL gehackte Petersilie
1 TL eingelegte grüne Pfefferkörner
1 TL getrocknete Kräuter der Provence

So wird's gemacht:

1. Die Zwiebeln und die Knoblauchzehen schälen und beides fein hacken. Die Paprikaschote putzen, waschen und kleinwürfeln. Die Tomaten über Kreuz einritzen, kurz überbrühen, abschrecken, enthäuten und in Scheiben schneiden.

2. Die gewaschenen und trockengetupften Koteletts etwas flachdrücken, und die Fettränder mehrfach einschneiden, damit sich das Fleisch beim Braten nicht wölbt. Die Koteletts mit Salz und Pfeffer einreiben.

3. Dann 1 Eßlöffel Butterschmalz in einer Pfanne erhitzen und die Koteletts darin bei mittlerer Hitze von jeder Seite etwa 4 Minuten braten. Die Koteletts aus der Pfanne nehmen, mit der Petersilie bestreuen und zugedeckt warm stellen.

4. Inzwischen in einem Topf 1 Eßlöffel Butterschmalz erhitzen und Zwiebeln, Knoblauch sowie Paprikawürfel darin etwa 5 Minuten dünsten. Die Tomaten, die zerdrückten Pfefferkörner und die Kräuter der Provence dazugeben und alles etwa 5 Minuten bei mittlerer Hitze schmoren lassen. Das Gemüse mit Salz und Pfeffer abschmecken.

5. Das Gemüse und die Koteletts auf vier Tellern anrichten.

Beilage:
Kräuterreis

Lammspieße mit Pflaumensauce

Marinierzeit: 3–4 Stunden
Zubereitungszeit: ca. ca. 1 Stunde

Sie benötigen für 4–6 Portionen:

Für die Marinade:
1 Zwiebel
1 EL Zitronensaft
1 EL Olivenöl
Salz
schwarzen Pfeffer aus der Mühle

Für die Spieße:
800 g Lammfleisch aus der Schulter ohne Knochen
2 Zwiebeln

Für die Sauce:
500 g weiche, entsteinte Backpflaumen
1 Knoblauchzehe
3 EL gehackte Petersilie
Salz
2 EL Zitronensaft
1 Msp. Cayennepfeffer

Außerdem:
2 Tomaten
10 Frühlingszwiebeln
1 Zitrone

So wird's gemacht:

1. Für die Marinade die Zwiebel schälen, in feine Würfel schneiden und in eine Schüssel geben. Mit Zitronensaft, Öl und jeweils etwa 1 Teelöffel Salz und Pfeffer verrühren.
2. Das Fleisch in 3 bis 4 cm große Würfel schneiden. Diese in der Marinade 3 bis 4 Stunden durchziehen lassen. Dabei alles ab und zu umrühren.
3. Inzwischen für die Sauce die Pflaumen in ½ l Wasser in 10 bis 15 Minuten weichkochen. Sie in ein Sieb gießen, den Saft dabei auffangen. Die Pflaumen zusammen mit der geschälten Knoblauchzehe, der Petersilie und der Hälfte des aufgefangenen Pflaumensuds in einem Mixer zerkleinern. Die Sauce sollte dabei sämig werden.
4. Die Pflaumensauce aufkochen lassen und mit Salz, Zitronensaft und Cayennepfeffer (vorsichtig dosieren!) abschmecken. Sie dann auf Zimmertemperatur abkühlen lassen.
5. Die Fleischwürfel gut abtropfen lassen. Die Zwiebeln für die Spieße schälen, in Stücke schneiden und zusammen mit dem Fleisch auf lange Spieße stecken.
6. Die Spieße etwa 20 Minuten unter dem Grill grillen. Sie dabei mehrmals wenden. Das Fleisch sollte durchgebraten und die Zwiebeln hellbraun sein.
7. Inzwischen die Tomaten und die Frühlingszwiebeln waschen und putzen. Die Tomaten achteln, die Frühlingszwiebeln kleinschneiden. Die Zitrone vierteln.
8. Die Spieße zusammen mit der Sauce, Tomaten, Frühlingszwiebeln und Zitrone anrichten.

Beilage:
Wildreis

Tip

Falls Sie keinen Grill haben, können Sie die Spieße auch in 1 Eßlöffel Öl in der Pfanne braten. Die Garzeit beträgt dann etwa ¼ Stunde.

Lammfilet mit Fenchel

Zubereitungszeit: ca. 50 Minuten

Sie benötigen für 4 Portionen:
850 g Fenchel
1 Zwiebel
⅛ l Gemüsebrühe
Salz
schwarzen Pfeffer aus der Mühle
1 Knoblauchzehe
250 g Sahne
2 EL mittelscharfen Senf
1 TL süßen Senf
1 Bund Dill
600 g Lammfilets
2 EL Butter

So wird's gemacht:

1. Für das Gemüse die Fenchelknollen putzen. Das Fenchelgrün abschneiden, hacken und beiseite stellen. Den Fenchel waschen und in feine Streifen schneiden. Die Zwiebel schälen und fein würfeln. Sie zusammen mit dem Fenchel im Bratfett in der Pfanne andünsten. Die Brühe angießen und das Gemüse 10 bis 15 Minuten dünsten. Mit Salz und Pfeffer fein abschmecken.
2. Inzwischen die Knoblauchzehe schälen und in einen Topf pressen. Die Sahne dazugießen und alles 5 bis 8 Minuten einkochen lassen. Die beiden Senfsorten hineinrühren und die Sauce mit Salz und Pfeffer abschmecken. Den Dill hacken und dazugeben.
3. Die Filets waschen, trockentupfen und mit Salz und Pfeffer einreiben. Die Butter in einer Pfanne erhitzen und die Filets darin etwa 6 Minuten braten. Sie dann aus der Pfanne nehmen und zugedeckt warm stellen. Die Pfanne beiseite stellen.
4. Den Fenchel zusammen mit den Filets und der Sauce anrichten. Das Gemüse mit dem Fenchelgrün bestreuen.

Beilage:
Salzkartoffeln

Lammcurry

Zubereitungszeit: ca. 1¾ Stunden

Sie benötigen für 4 Portionen:

750 g Lammfleisch aus der Brust
Salz
schwarzen Pfeffer aus der Mühle
1 Msp. getrockneten Thymian
2 Zwiebeln
2 säuerliche Äpfel (z.B. Boskoop)
3 EL Butterschmalz
2 TL Currypulver
1 EL Mehl

So wird's gemacht:
1. Das gewaschene und trockengetupfte Fleisch in mundgerechte Würfel schneiden und mit Salz, Pfeffer und Thymian würzen.
2. Die Zwiebeln schälen und würfeln. Die Äpfel schälen, vierteln, entkernen und ebenfalls würfeln.
3. Das Butterschmalz in einer Pfanne erhitzen und die Zwiebeln darin goldgelb dünsten. Äpfel, Currypulver und Fleisch dazugeben und kurz mitbraten.
4. Das Mehl darüberstäuben und etwa ¼ l Wasser angießen. Das Curry aufkochen und zugedeckt bei geringer Hitze 60 bis 80 Minuten schmoren lassen. Zuletzt nochmals abschmecken.
Beilage:
körniger Reis

Lammpilaw

Zubereitungszeit: ca. 2¼ Stunden

Sie benötigen für 4 Portionen:

500 g Lammfleisch vom Nacken ohne Knochen
3 Zwiebeln
3 EL Butterschmalz
3 EL Tomatenmark
Salz
1 TL Paprikapulver edelsüß
1 TL Kümmel
6 EL Lammfond oder Fleischbrühe
250 g Langkornreis
schwarzen Pfeffer aus der Mühle
1 Msp. Zucker

So wird's gemacht:

1. Das gewaschene und trockengetupfte Fleisch in mundgerechte Würfel schneiden. Die Zwiebeln schälen und fein würfeln.

2. Das Butterschmalz in einem großen Bratentopf erhitzen und das Fleisch darin scharf anbraten. Die Zwiebeln dazugeben und goldgelb dünsten.

3. Das Tomatenmark hineinrühren. Salz, Paprikapulver und Kümmel darüberstreuen. Den Fond oder die Brühe dazugeben und das Fleisch zugedeckt 70 bis 80 Minuten bei mittlerer Hitze schmoren lassen. Wenn nötig, etwas Wasser angießen.

4. Danach den Reis und ½ l Wasser dazugeben und alles bei geringer Hitze etwa 20 Minuten köcheln lassen, bis der Reis gar ist.

5. Das Pilaw mit Salz, Pfeffer und Zucker abschmecken.

Zwiebelfleisch

Zubereitungszeit: ca. 2 Stunden

Sie benötigen für 4 Portionen:

500 g mageres Lammfleisch aus der Schulter ohne Knochen
500 g Zwiebeln
250 g Tomaten
4 EL Butterschmalz
½ l heißer Lammfond oder heiße Fleischbrühe
Salz
schwarzen Pfeffer aus der Mühle
½ TL gemahlenen Kümmel
½ Lorbeerblatt
1 EL Speisestärke
50 g saure Sahne

So wird's gemacht:
1. Das gewaschene und trockengetupfte Fleisch in mundgerechte Würfel schneiden. Die Zwiebeln schälen und vierteln. Die Tomaten über Kreuz einritzen, kurz überbrühen, enthäuten, abschrecken und vierteln.
2. Das Butterschmalz in einem Bratentopf erhitzen und das Fleisch darin von allen Seiten braun anbraten. Die Zwiebeln dazugeben und goldgelb dünsten.
3. Alles mit dem heißen Fond oder der heißen Brühe ablöschen und mit Salz, Pfeffer, Kümmel und dem Lorbeerblatt würzen.
4. Das Gericht etwa 1¼ Stunden bei geringer Hitze zugedeckt schmoren lassen. Etwa 5 Minuten vor Ende der Garzeit die Tomaten dazugeben.
5. Das Lorbeerblatt entfernen. Die Speisestärke mit der sauren Sahne verrühren und die Sauce damit binden.
Beilage:
körniger Reis
(auf dem Foto: links)

Lammragout mit Zitrone

Zubereitungszeit: ca. 1¼ Stunden

Sie benötigen für 4 Portionen:

500 g Lammfleisch aus der Schulter ohne Knochen
1 Zwiebel
2 kleine Schalotten
2 EL Butterschmalz
1 EL Mehl
Salz
schwarzen Pfeffer aus der Mühle
¼ l Lammfond oder Fleischbrühe
1 unbehandelte Zitrone
1 Eigelb
2 EL gehackte Petersilie

So wird's gemacht:
1. Das gewaschene und trockengetupfte Fleisch in mundgerechte Würfel schneiden. Die Zwiebel und die Schalotten schälen und alles fein würfeln.
2. Das Butterschmalz in einem Bratentopf erhitzen und das Fleisch darin kräftig anbraten. Zwiebel- und Schalottenwürfel dazugeben und kurz mitbraten.
3. Das Mehl darüberstäuben und alles mit Salz und Pfeffer würzen. Den Fond oder die Brühe angießen und das Ragout bei geringer Hitze etwa 40 Minuten zugedeckt schmoren lassen.
4. Die Zitrone waschen und halbieren. Die eine Hälfte auspressen, die andere in Scheiben schneiden.
5. Das Eigelb mit 1 Eßlöffel warmem Wasser und dem Zitronensaft verquirlen und in das nicht mehr kochende Ragout einrühren.
6. Die Zitronenscheiben in das Ragout geben und die gehackte Petersilie darauf streuen.
Beilage:
körniger Reis
(auf dem Foto: rechts)

Lammkeule auf klassische Art

Zubereitungszeit: ca. 2¼ Stunden

Sie benötigen für 6 Portionen:

2 Knoblauchzehen
1 Lammkeule à ca. 1,5 kg mit Knochen
Salz
schwarzen Pfeffer aus der Mühle
1 Rosmarinzweig
3 EL Olivenöl
1 Lorbeerblatt
4 Wacholderbeeren
¼ l kräftigen, trockenen Rotwein
1 Kartoffel
5 EL Crème fraîche
1 Msp. Zucker

So wird's gemacht:

1. Den Backofen auf 200 °C vorheizen. Die Knoblauchzehen schälen und halbieren. Die gewaschene und trockengetupfte Lammkeule mit den Schnittflächen der Knoblauchzehen gut einreiben und mit Salz sowie Pfeffer bestreuen. Mit einem spitzen Messer kleine Schnitte in das Fleisch machen und die Rosmarinnadeln hineinstecken.

2. Das Öl in einem großen Bräter auf dem Herd erhitzen. Die Lammkeule hineinlegen und von allen Seiten kräftig anbräunen.

3. Das zerbröselte Lorbeerblatt, die Knoblauchzehen und die zerdrückten Wacholderbeeren zum Fleisch geben.

4. Die Keule auf der zweiten Schiene von unten im Ofen etwa 1½ Stunden offen braten. Sie dabei öfter wenden und mit dem Bratensaft begießen. Während der Bratzeit nach und nach den Rotwein angießen.

5. Während das Fleisch gart, die Kartoffel schälen und kleinwürfeln. Sie nach 1 Stunde Garzeit in den Bräter geben.

6. Die gegarte Keule aus dem Bräter nehmen, in Alufolie einwickeln und im abgeschalteten Backofen etwa 10 Minuten ruhen lassen. Eine große Servierplatte im Ofen vorwärmen.

7. Den Bratensatz im Bräter durch ein Sieb in einen Topf streichen und erhitzen. Die Crème fraîche hineinrühren und die Sauce mit Salz, Pfeffer und Zucker abschmecken.

8. Die Keule auswickeln, den Knochen entfernen, das Fleisch in Scheiben schneiden und auf der vorgewärmten Platte anrichten. Die Sauce dazu reichen.

Beilagen:
Petersilienkartoffeln und grüne Bohnen

Irish Stew

Zubereitungszeit: ca. 2½ Stunden

Sie benötigen für 4 Portionen:
500 g Lammfleisch vom Nacken ohne Knochen
500 g Kartoffeln
2 Zwiebeln
250 g Möhren
300 g Weißkohl
1 große Knoblauchzehe
1 TL Kümmel
Salz
schwarzen Pfeffer aus der Mühle

So wird's gemacht:
1. Das gewaschene und trockengetupfte Fleisch in mundgerechte Würfel schneiden. Die Kartoffeln und die Zwiebeln schälen; die Möhren putzen und schälen. Alles in große Würfel schneiden. Den Kohl putzen, waschen und in Streifen schneiden. Die Knoblauchzehe schälen und fein hacken.
2. In einen großen Topf zuerst das Fleisch, dann alle anderen Zutaten schichtweise hineingeben. So viel heißes Wasser angießen, daß die Zutaten knapp bedeckt sind. Den Kümmel und etwas Salz darüberstreuen.
3. Das Ganze ohne umzurühren zum Kochen bringen, dann zugedeckt etwa 2 Stunden bei geringer Hitze köcheln lassen.
4. Das Stew zuletzt mit Salz und Pfeffer pikant abschmecken.
Beilage:
würziges Roggenmischbrot

Tip
Wenn Sie sehr mageres Fleisch haben, können Sie vor dem Garen noch 1 Eßlöffel Schweineschmalz an das Irish Stew geben.

Gebratene Lammkeule

Zubereitungszeit: ca. 2 Stunden

Sie benötigen für 6 Portionen:

1 Lammkeule à ca. 1,5 kg mit Knochen
Salz
schwarzen Pfeffer aus der Mühle
150 g Räucherspeck in dünnen Scheiben
5 EL Butterschmalz
1 Bund Suppengrün
⅛ l trockenen Rotwein
1 EL Worcestersauce

So wird's gemacht:
1. Den Backofen auf 200 °C vorheizen. Von der gewaschenen und trockengetupften Lammkeule das Fett abschneiden. Die Keule mit Salz und Pfeffer einreiben. Die Keule dann rundherum mit den Speckscheiben belegen und mit Küchengarn fest umwickeln.
2. Das Butterschmalz und etwa ¼ l heißes Wasser in die Fettpfanne des Ofens geben. Die Keule darauf legen und auf der zweiten Schiene von unten im Ofen etwa 1½ Stunden braten. Sie dabei mehrmals wenden und öfter mit Bratensaft begießen. Eventuell etwas Wasser nachgießen.
3. Während das Fleisch brät, das Suppengrün putzen, waschen, gegebenenfalls schälen und kleinwürfeln. Es nach 1 Stunde Garzeit in die Fettpfanne geben.
4. Die gegarte Keule aus dem Ofen nehmen, Fäden und Speck entfernen. Das Fleisch in Alufolie einwickeln und im abgeschalteten Ofen ruhen lassen. Eine große Servierplatte im Ofen warm stellen.
5. Den Bratensatz in der Fettpfanne mit etwa 150 ml heißem Wasser unter Rühren lösen, durch ein Sieb in einen Topf streichen und aufkochen lassen. Den Rotwein dazugießen und die Sauce mit Salz, Pfeffer und Worcestersauce abschmecken.
6. Die Keule auswickeln, den Knochen entfernen, das Fleisch in Scheiben schneiden und auf der vorgewärmten Platte anrichten. Die Sauce getrennt dazu reichen.
Beilagen:
Salzkartoffeln und Bohnengemüse oder Kräuterreis und Rosenkohl

Lammbraten

Zubereitungszeit: ca. 2 Stunden

Sie benötigen für 4 Portionen:

2 Knoblauchzehen
Salz
1 kg Lammkeule mit Knochen
2 Zwiebeln
1 Möhre
1 Stückchen Sellerieknolle (50 g)
3 EL Butterschmalz
½ TL schwarzen Pfeffer aus der Mühle
½ TL getrockneten Thymian
2 Lorbeerblätter
1 Msp. Nelkenpulver
1 rote Paprikaschote
50 g gehackte Mandeln
1 TL Butter
¼ l Lammfond oder Fleischbrühe
1 EL gehackte Petersilie
1 EL Speisestärke

So wird's gemacht:

1. Den Backofen auf 180 °C vorheizen. Die Knoblauchzehen schälen und zerdrücken. Den Knoblauch mit 1 Eßlöffel Salz mischen und die gewaschene und trockengetupfte Lammkeule damit kräftig einreiben.

2. Die Zwiebeln schälen; die Möhre und den Sellerie putzen und schälen. Alles in grobe Würfel schneiden.

3. Das Butterschmalz auf dem Herd in einem großen Bräter erhitzen und die Lammkeule darin von allen Seiten scharf anbraten. Zwiebeln, Möhre und Sellerie dazugeben und kurz unter Rühren hellbraun anrösten.

4. Das Gemüse mit ⅛ l Wasser ablöschen. Pfeffer, Thymian, zerbröselte Lorbeerblätter und Nelkenpulver dazugeben. Das Fleisch auf der zweiten Schiene von unten in den Ofen stellen und unter häufigem Begießen mit Bratenfett etwa 1¼ Stunden offen braten. Es dabei mehrmals wenden.

5. Inzwischen die Paprikaschote putzen, waschen und in kleine Würfel schneiden. Die Paprikawürfel etwa 10 Minuten vor Ende der Garzeit in den Bräter geben. Die Mandeln in einer Pfanne in der Butter leicht anrösten.

6. Das Fleisch aus dem Bräter nehmen, in Alufolie einwickeln und im abgeschalteten Backofen etwa 10 Minuten ruhen lassen. Eine Servierplatte im Ofen vorwärmen.

7. Inzwischen den Bratensatz im Bräter mit dem Fond oder der Brühe loskochen, in einen Topf gießen und aufkochen lassen. Mandeln und Petersilie dazugeben.

8. Die Speisestärke mit etwas kaltem Wasser anrühren und die Sauce damit binden. Sie dann mit Salz und Pfeffer abschmecken.

9. Die Keule auswickeln, den Knochen entfernen, das Fleisch in Scheiben schneiden und auf der vorgewärmten Platte anrichten. Die Sauce dazu reichen.

Beilagen:
Butterkartoffeln und Rosenkohl

Lammrücken

Zubereitungszeit: ca. 1¼ Stunden

Sie benötigen für 4 Portionen:
1 kg Lammrücken mit Knochen
Salz
schwarzen Pfeffer aus der Mühle
1 Zwiebel
1 Knoblauchzehe
1 Tomate
4 EL Lammfond
1 Msp. Zucker
½ Bund Petersilie

So wird's gemacht:
1. Den Backofen auf 200 °C vorheizen. Das gewaschene und trockengetupfte Fleisch mit Salz und Pfeffer einreiben.
2. Die Fettpfanne mit etwas Wasser anfeuchten und auf der untersten Schiene in den Ofen schieben. Das Fleisch mit den Knochen nach unten auf den Rost legen und auf der zweiten Schiene von unten im Ofen etwa ¾ Stunden braten. Sobald der abtropfende Bratensatz bräunt, 200 ml heißes Wasser in die Fettpfanne gießen. Das Fleisch während des Bratens mehrmals wenden und öfter mit dem Bratensatz begießen.
3. Inzwischen die Zwiebel schälen und vierteln. Die Knoblauchzehe schälen und fein hacken. Die Tomate waschen, putzen und achteln. Das Gemüse etwa 20 Minuten vor Ende der Garzeit in die Fettpfanne geben.
4. Wenn das Fleisch gar ist, es in Alufolie einwickeln und im ausgeschalteten Backofen etwa 10 Minuten ruhen lassen. Eine große Servierplatte im Ofen warm stellen.
5. Den Bratensatz in der Fettpfanne mit etwas heißem Wasser unter Rühren loskochen und durch ein Sieb in einen Topf streichen. Den Lammfond hineinrühren, die Sauce aufkochen lassen und mit Salz, Pfeffer und Zucker würzen.
6. Das Fleisch auswickeln und jeweils senkrecht entlang des Rückgrats vom Knochen lösen. Die zwei Rückenfilets dann waagerecht entlang der Rippen von den Knochen abschneiden. Die Fleischstücke in Scheiben schneiden.
7. Die Rückenfiletscheiben auf der vorgewärmten Platte anrichten und mit der Petersilie garnieren.
Beilage:
Petersilienkartoffeln
(auf dem Foto: oben)

Gefüllte Lammschulter

Zubereitungszeit: ca. 2¼ Stunden

Sie benötigen für 4 Portionen:
500 g Lammfleisch aus der Schulter ohne Knochen
Salz
schwarzen Pfeffer aus der Mühle
2 Eier
2 Scheiben Roggenbrot ohne Rinde
1 kleines Glas Mixed Pickles (190 g Einwaage)
1 Knoblauchzehe
2 rohe, grobe Bratwürste
1 EL gehackte Petersilie
½ TL Currypulver
2 EL Olivenöl
1 Zwiebel
½ Bund Suppengrün
2 EL Tomatenmark

So wird's gemacht:
1. Die gewaschene und trockengetupfte Lammschulter innen und außen mit Salz und Pfeffer einreiben. Den Backofen auf 200 °C vorheizen.
2. Die Eier verquirlen. Das Brot würfeln, die Eier darübergießen und alles gut durchziehen lassen. Die Mixed Pickles abtropfen lassen und fein hacken. Die Knoblauchzehe schälen und dann zerdrücken.
3. Von den Bratwürsten die Haut entfernen. Das Brät mit Petersilie, Knoblauch, Mixed Pickles und durchgeweichten Brotwürfeln zu einer Masse verkneten. Diese mit Currypulver und Salz würzig abschmecken.
4. Die Masse in die Lammschulter füllen (dorthin, wo zuvor der Knochen saß) und das Fleischstück mit Küchengarn zunähen.
5. Einen großen Bräter mit dem Öl auspinseln. Das Fleisch mit der Fettseite nach oben hineinlegen und im Ofen auf der zweiten Schiene von unten 1½ Stunden offen braten. Es dabei mehrmals wenden und mit dem Bratensaft übergießen. Wenn nötig, 100 ml Wasser angießen.
6. Während das Fleisch brät, die Zwiebel schälen und grob würfeln. Das Suppengrün putzen, waschen, gegebenenfalls schälen und kleinwürfeln. Beides nach ¾ Stunden Garzeit zum Fleisch geben. Das Fleisch dabei auch mit wenig Salz bestreuen.
7. Wenn das Fleisch weich ist, es aus dem Bräter nehmen und die Fäden entfernen. Die Schulter in Alufolie einwickeln und im abgeschalteten Backofen etwa 10 Minuten ruhen lassen. Eine große Servierplatte im Ofen warm stellen.
8. Den Bratensatz aus dem Bräter durch ein Sieb in einen Topf streichen. Das Tomatenmark hineinrühren und die Sauce erhitzen.
9. Das Fleisch auswickeln, in Scheiben schneiden und auf der vorgewärmten Platte anrichten. Die Sauce dazu reichen.
Beilagen:
Salzkartoffeln und Erbsengemüse
(auf dem Foto: unten)

Hinweise zu den Rezepten

- Die Rezepte sind, wenn nicht anders angegeben, für 4 Portionen.
- Die Mengenangaben von Obst und Gemüse beziehen sich immer auf die ungeputzte Rohware. Sie können die Zutaten daher ganz einfach nach den im Rezept angegebenen Mengen einkaufen.
- Beim Fleischeinkauf empfiehlt es sich, die gewünschten Fleischstücke beim Metzger vorzubestellen, denn nicht alles ist zu jeder Zeit vorrätig (z.B. ungepökelte Zunge oder Bratenfleisch mit Schwarte).
- Die zu jedem Rezept angegebene Zubereitungszeit beinhaltet sowohl die Vorbereitungszeit (waschen, putzen, schälen etc.) als auch die Garzeit. In manchen Rezepten kommen noch längere spezielle Zeiten, wie z.B. die Zeit zum Ruhen und die Marinierzeit, hinzu. Alle Zeitangaben beruhen auf durchschnittlichen Erfahrungswerten.

Gerade bei Fleisch hängen die Garzeiten sehr stark von der Fleischqualität, vom Kochgeschirr und auch vom Herd selbst ab. Jeder Herd und auch Backofen gart etwas anders; ältere Öfen z.B. werden häufig heißer, als der Thermostat anzeigt. Daher können Ihre Garzeiten einmal etwas von den in den Rezepten angegebenen abweichen.

- Die Backofentemperaturen in den Rezepten beziehen sich immer auf den Elektrobackofen mit Ober- und Unterhitze. Wenn Sie die Gerichte mit Heißluft zubereiten möchten, müssen Sie die Temperatur um 20 bis 30 °C reduzieren. Die Garzeit bleibt dann in etwa gleich.

Für einen Gasbackofen gilt folgende Umrechnungstabelle:

Elektrobackofen	Gasbackofen
150–160 °C	Stufe 1
175–180 °C	Stufe 2
200 °C	Stufe 3
220–225 °C	Stufe 4
240 °C	Stufe 5
250 °C	Stufe 6

Abkürzungsverzeichnis
TL = Teelöffel (gestrichen)
EL = Eßlöffel (gestrichen)
Msp. = Messerspitze
g = Gramm (1000 g = 1 kg)
kg = Kilogramm
ml = Milliliter (1000 ml = 1 l)
l = Liter
cl = Zentiliter (1cl=10ml=0,01l)
cm = Zentimeter
ca. = zirka
°C = Grad Celsius

Rezeptverzeichnis

Steaks, Schnitzel & Co.

Buletten, Berliner 52
Chateaubriand mit Frucht-
 sauce 31
Cordon bleu 7
Kalbskotelett mit Zitronen-
 sauce 11
Kalbskotelett nach Fürstenart 10
Kalbsmedaillons
 mit Nußpanade 8
Lammfilet mit Fenchel 82
Lammkotelett nach Grinziger
 Art 79
Lammkoteletts, würzige 78
Lammkoteletts auf
 Gemüsebett 81
Lammspieße mit Pflaumen-
 sauce 82
Rinderfiletsteak mit Pfeffer-
 sauce 29
Rosmarinkotelett auf
 Gemüse 49
Rumpsteak nach Art des
 Hauses 29
Saltimbocca alla Romana 9
Schweinebauch, knuspriger 50
Schweinefilet, überbackenes,
 auf Tomaten 53
Schweinekotelett in würziger
 Rotweinsauce 50
T-Bone-Steak, mariniertes,
 mit Kräuterbutter 30
Walnußfrikadellen 52
Wiener Schnitzel 7
Zitronensteak 48

Geschnetzeltes, Gulasche und Ragouts, Gerichte mit Innereien

Balkantopf 57
Beinfleisch, süß-saures 36
Biergulasch 55
Honigfleischtopf 58
Irish Stew 89
Kalbsbrust mit Pfifferlingen 12
Kalbshaxe mit Tomaten-
 Zitronen-Sauce 12
Kalbsleber mit Apfelcreme 25
Kalbsragout 15
Kalbszungenragout 24
Lammcurry 84
Lammpilaw 85
Lammragout mit Zitrone 87
Pfefferpotthast 34
Rindfleisch-Bohnen-Ragout 35
Rindfleisch in Weißwein 33
Sahnegeschnetzeltes 32
Szegediner Gulasch 55
Zitronenfleisch, griechisches 58
Zürcher Geschnetzeltes 14
Zwiebelfleisch 87

Rouladen

Kalbsroulade nach Hausfrauen-
 art 16
Rinderroulade 37
Rinderroulade auf spanische
 Art 38
Rinderroulade mit Kräuter-
 füllung 38
Schwalbennest 17

Große Braten

Kalbsbraten mit Orangen 18
Kalbsbraten mit Rahmsauce 18
Kalbsbrust, gefüllte 21
Kalbshaxe mit Waldpilzen 23
Kalbsrollbraten 20
Karree, glasiertes 71
Kasseler Rippenspeer 75
Keulenbraten, marinierter 64
Lammbraten 91
Lammkeule, gebratene 90
Lammkeule auf klassische
 Art 88
Lammrücken 93
Lammschulter, gefüllte 93
Rinderfilet Esterházy 40
Rinderfilet mit Cognacsauce
 und Rosenkohl 44
Roastbeef auf englische Art 43
Roastbeef mit Pfefferkruste 44
Sauerbraten 43
Schweinebauch, gefüllter 61
Schweinebraten, gefüllter 72
Schweinebraten mit Rotwein-
 sauce 68
Schweinefleisch mit Meer-
 rettich 62
Schweinekeule, gekräuterte 64
Schweinenacken mit Birnen
 und Kartoffeln 70
Schweinenacken mit
 Maronen 68
Schweineripppe, gefüllte 74
Schweinerollbraten mit Hack-
 fleisch 66
Schweineschmorbraten in
 Sahnesauce 61
Schweineschulter in Bier-
 sauce 63
Schweinshaxe, würzige 67
Tafelspitz, Wiener 41

ISBN 3 8094 1267 8

© 2004 by Bassermann Verlag, einem Unternehmen
der Verlagsgruppe Random House GmbH, 81673 München
© der Originalausgabe by Falken Verlag, einem Unternehmen
der Verlagsgruppe Random House GmbH, 81673 München
Die Verwertung der Texte und Bilder, auch auszugsweise, ist
ohne Zustimmung des Verlags urheberrechtswidrig und
strafbar. Dies gilt auch für Vervielfältigungen, Übersetzungen,
Mikroverfilmung und für die Verarbeitung mit elektronischen
Systemen.
Umschlaggestaltung: kraxenberger konzept & design,
München
Redaktion: Birgit Wenderoth
Redaktion dieser Ausgabe: Anja Halveland
Fotos: Christel und Wolfgang Feiler, Fotostudio Karlsruhe
Satz: Grunewald GmbH, Digital und Printmedien, Kassel
Druck: Neografia, Martin

046990194X 817 2635 4453 6271